7天学会做自媒体账号

了解平台推流机制

账号搭建与运营

快速找到**对标账号** 🔍

打造**精准标签**人群账号

短视频+直播

🎵小红书

剪映 ✂️

🦋 微信视频号

抖音的底层逻辑

优秀主播具备的能力 🎤

起号与实操

优秀账号拆解

AI 数字人

快手

新手基础认知

如何通过7个步骤开启抖音之路?

如何在全平台进行变现?

(抖音+视频号+快手+小红书)

开启互联网学习之旅 🚶

新手快速入门,从0到1实战攻略

何胜斌(幕哥) 编著

天津出版传媒集团

天津科学技术出版社

图书在版编目（CIP）数据

7天学会做自媒体账号 / 何胜斌编著. -- 天津：天
津科学技术出版社，2025. 2. -- ISBN 978-7-5742-2640-
1

Ⅰ. F713.365.2

中国国家版本馆CIP数据核字第2025L8A368号

7天学会做自媒体账号
QI TIAN XUEHUI ZUO ZIMEITI ZHANGHAO

责任编辑：韦　奥
责任印刷：刘　彤

出　　版：天津出版传媒集团
　　　　　天津科学技术出版社
地　　址：天津市西康路35号
邮　　编：300051
电　　话：(022) 23332399
网　　址：www.tjkjcbs.com.cn
发　　行：新华书店经销
印　　刷：天津市宏博盛达印刷有限公司

开本 889×1194 1/16 印张 19.375 字数 520 000
2025 年 7 月第 1 版第 2 次印刷
定价：88.00元

给读者的一封信

亲爱的朋友：

你好！恭喜你，当你翻开这本，意味着你已经开启了你的互联网创业之路，这说明你已经成为那20%有勇气、有眼光、有行动力的人。如果你能认真阅读这本书，根据需求学习，你将告别新手阶段，不会再因为知识缺失，而感到无助和焦虑。

现在的你是不是已经对各大互联网平台观望了很久，终于下定决心要迈出这一步；抑或是尝试了很久，甚至一度想要放弃，现在正处于迷茫中。但是朋友，相信自己，行动起来，坚持下去，不管结果如何，互联网是当下任何人都应该了解且有巨大机会的地方！未来的某一天，你一定会感谢现在努力坚持的自己。这本书能够带给你的不仅是系统的抖音各大体系账号的运营知识，还有案例分享，让你对平台有一个完整的认知，以及各类账号参照，更加清晰自己账号在平台的定位和未来的规划。接下来，让我们携手前行。

或许，有人说，做抖音最好的时间是5年前。确实，那些早早入局的人，已经抢占了先机，收获了大量的粉丝和关注，甚至实现了财富自由和人生价值。但请不要懊悔错过了那个最佳时机，今天对你来说就是最早也是最佳的时间。

勇敢地迈出第一步吧，未来的你一定会感谢现在的自己。不要害怕失败，因为每一次的尝试都是一次宝贵的经验积累。而当你行动起来，其实，你就已经超越了身边80%的人。

最后，衷心祝愿你收获自己想要的成功！

如果，对书中的内容有任何疑问或者想获取视频课程，可以联系私人客服和公众号客服进行解答，同时，我们还会及时更新各大互联网平台最新资讯。

扫一扫
联系私人客服

扫一扫 关注公众号
获取视频课程

第一章
新手基础认知篇

第二章
账号搭建与运营篇

**第三章
橱窗与图文带货篇**

第四章
短视频运营篇

第五章
直播运营篇

■ 第七节　直播数据复盘　　　152

■ 第八节　经验分享主播全套指导　　　157

第六章
带货数据查询篇

■ 第一节　官方查看路径　　　164

■ 第二节　第三方查看工具　　　167

第七章 常见投流方式篇

第八章 官方账号与 AI 工具篇

第九章
店铺开通与运营篇

第十章
违规学习与问题处理篇

第十一章
优秀账号拆解与经验分享篇

第十二章
微信视频号基础操作篇

第十三章
快手基础操作篇

第十四章
小红书基础操作篇

第一章
新手基础认知篇

第一节　平台认知

一　发展历程

（一）抖音的发展历程

2016年12月
改名为抖音
定位成年轻人的音乐
短视频社区

2016年6月
上线名为A.ME

2017年3月
小岳岳发布带
抖音水印微博
首次进入大众视野

2017年10月
上线直播功能

2018年6月
Dou+功能上线

2018年3月
确定新slogan(口号)
"记录美好生活"
"直达淘宝"功能上线

2018年7月
上线星图平台

2019年4月
正式推出抖音小店

2019年7月
尝试短视频电商功能

2020年3月
推出"直播电商"功能

2020年4月
6000万元签约罗永浩
高调进入直播电商
赛道

2021年1月
推出抖音支付功能
随后推出月付

2021年4月
推出兴趣电商概念
加快建立自有电商
体系

2022年8月
饿了么和抖音共
同宣布达成合作

2022年12月
达快递与抖音生活
服务宣布正式达成
战略合作

2023年1月
视频数据推出2秒
跳出率考核

2023年3月
抖音正式
上线比价系统

2023年6月
抖店体验分从5分
制调整为百分制

2023年11月
创作者口碑分由5
分制改成百分制

2024年9月
电商创作者大会宣布
改变推流机制，内容
池和交易池合二为一

2024年8月
图文带货门槛由原来的
500个有效粉丝调整为
1000个有效粉丝

2024年4月
短视频带货门槛由原来的
1000个粉丝调整为500个
有效粉丝

（二）用户增长与改革调整

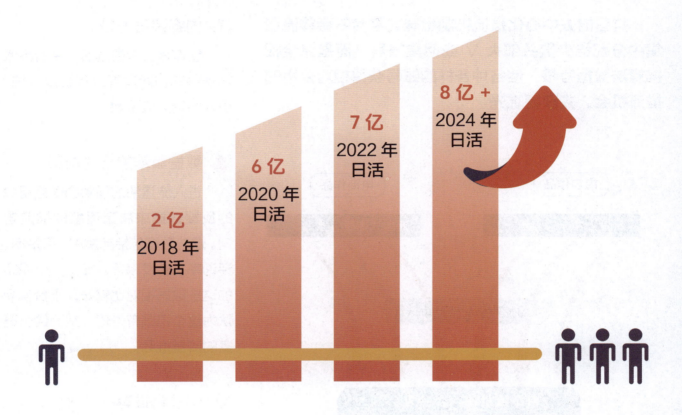

2 亿
2018 年
日活

6 亿
2020 年
日活

7 亿
2022 年
日活

8 亿 +
2024 年
日活

2017 年
颜值，才艺，搞笑，
游戏类直播

2019 年
进入中长视频阶段

2021—2022 年
流量扶持普通人创业及农村
生活两大类型；持续推进同
城赛道本地生活

2018 年
跨入知识赛道和
生活记录赛道

2020 年
实现商业价值，
直播电商风靡

2023—2024 年
大力发展搜索商城；调
整商家和达人体验分考
核；上线比价系统

二　核心算法功能

（一）去中心化推流机制

　　抖音的去中心化推流机制意味着平台不会将流量集中分配给少数头部大 V 或明星账号，而是完全根据算法数据考核，使各种各样的账号获得相对公平的推流机会，去获得曝光。

① 内容评估为核心

　　创作者上传视频后，平台会依据视频的内容质量进行初步评估，进入初始的流量池。

② 数据驱动的推流决策

　　进入流量池的视频会根据用户的反馈数据来决定后续的推流走向。这些数据包括完播率、点赞率、评论率、转发率等。如果一个视频的这些数据相对比较好，平台就会认为这个视频有价值，从而给予更多的流量推荐。

③ 个性化推荐

　　抖音根据用户的兴趣爱好、浏览历史等为每个用户进行个性化推荐。这意味着即使是一个粉丝量不多的小创作者的视频，只要与特定用户的兴趣匹配，就有机会被推送给这个用户。

内容作品 —— 新闻　娱乐　音乐 ……
电商作品 —— 服饰　家居　美妆 ……

机器审核后，开始推流

两个流量池，合二为一：
首页+搜索页展示

智能算法：去中心化推荐

用户1　用户2　用户3 …… 用户4　用户5　用户6

　　总之，抖音的去中心化推流机制旨在为用户提供更加丰富、多样、个性化的内容，同时也为创作者提供了一个相对公平的平台。这种机制鼓励创作者不断提高内容质量，以获得更多的流量和关注。同时，为了保证平台流量的持续增长，在 2024 年 9 月，抖音内容流量池和电商流量池合二为一。

（二）算法推流

① 推荐算法的本质

抖音推流算法本质是基于用户兴趣匹配。通过分析视频内容和用户行为构建画像，将合适的视频推送给目标用户。同时考虑热度、时效性及社交关系，在保证内容质量的前提下追求多样性，以提升用户体验和平台活跃度。

② 抖音的 5 种推荐算法

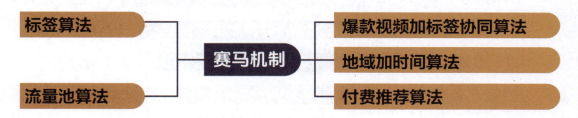

标签算法		爆款视频加标签协同算法
	赛马机制	地域加时间算法
流量池算法		付费推荐算法

③ 标签算法

标签推荐算法由 3 组标签构成，分别是账号标签、内容标签、兴趣标签。

● **账号标签：**

> 表示一个账号的创作领域，也叫创作者身份标签，是基于账号垂直发布的内容识别而形成的。

● **内容标签：**

> 算法会对视频的主题、质量、热度、时效性等进行分析，提取出相关的标签。

● **兴趣标签：**

> 系统通过分析用户的浏览历史，包括观看的视频类型、停留时间、点赞、评论、关注等行为，来确定用户的兴趣偏好。

当一个创作者的作品发出后，系统会根据账号标签和单条内容标签来匹配兴趣用户，尽量保证作品推送的人群精准度，实现将合适的视频推送给目标用户。

④ 流量池算法

目前，抖音平台公认的流量池分为 8 级，如下图，如果初始流量反馈数据比较好，作品就会被推送到下一流量池进行赛马和数据评估。

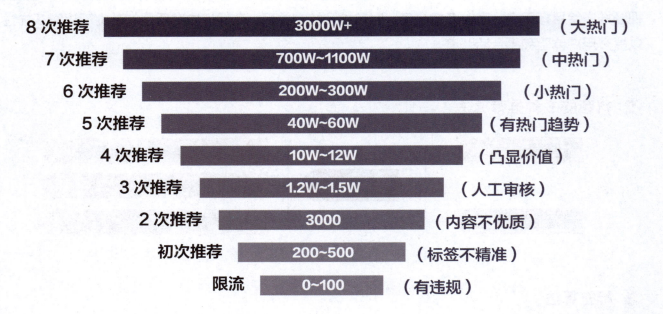

8 次推荐	3000W+	（大热门）
7 次推荐	700W~1100W	（中热门）
6 次推荐	200W~300W	（小热门）
5 次推荐	40W~60W	（有热门趋势）
4 次推荐	10W~12W	（凸显价值）
3 次推荐	1.2W~1.5W	（人工审核）
2 次推荐	3000	（内容不优质）
初次推荐	200~500	（标签不精准）
限流	0~100	（有违规）

⑤ 赛马机制

（1）什么是赛马机制

当创作者发布视频后，平台会根据视频发布的时间、时长、内容、粉丝量等指标，匹配同一量级的其他视频进行 PK。然后，根据初始数据的反馈，如点击率、完播率、点赞、评论、转发等，对视频进行初步评估。表现较好的视频会被分配更多的流量，进入下一流量池竞争。

（2）赛马机制赛考核的数据有哪些

数据反馈分值：2 秒跳出率、5 秒完播率、整体完播率、评论量、转发量、收藏量、点赞量。如果是带货或者其他挂有变现链接的视频，还会考核商品点击率、转化等电商数据。

⑥ 爆款视频加标签协同算法

抖音平台不会根据单一的标签算法进行推流，这样会给用户带来一定的内容限制和观看疲劳，最终，造成用户流失。

80% 兴趣标签内容　　**10%** 爆款视频内容　　**10%** 同标签用户喜好内容

（1）**兴趣标签算法**：抖音平台的任何用户在平台上的一切互动停留行为，都会被平台大数据进行记录和分析，进而打上对应的标签。然后，平台再根据每个用户身上的不同兴趣标签，为用户推送其感兴趣的作品。

（2）**爆款视频算法**：为了提高用户的体验和忠诚度，让用户始终对平台保持新鲜感，平台会按一定比例，在不完全依赖用户兴趣的基础上，推荐当下火爆内容作为新鲜内容，同样在用户这里得到数据反馈。

（3）**标签协同算法**：平台也会根据相似人群的喜欢内容，进行同类人群的推送。

⑦ 地域加时间算法

　　一般账号后台会默认打开同城推荐，所以，当平台用户从一个地区移动到另一个地区，平台推送的内容通常也会发生地域变化。在不同时间、季节节点，推送的内容也会受到一定影响。

⑧ 付费推荐算法

　　通过花钱买付费流量，如果是不带货视频，主要还是以视频内容为主做推荐；如果是挂车带货视频，除了视频内容，还要根据所卖产品和账号历史成交人群等进行推流，评估产品点击率、下单转化率等。

第二节　心态和方法

一　端正心态

不要惧怕做抖音，也不要把抖音想得太简单，而是把它当成**一份事业、一份挑战**来认真对待，挑战也意味着机会，坚持自己的选择，端正态度，**不浮躁，不焦虑，不迷茫**，稳步前进！

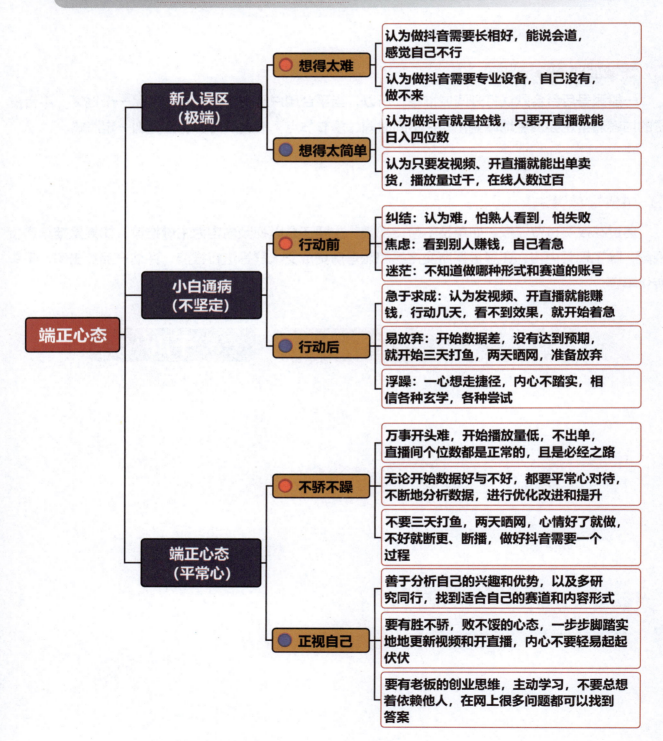

端正心态

- **新人误区（极端）**
  - **想得太难**
    - 认为做抖音需要长相好，能说会道，感觉自己不行
    - 认为做抖音需要专业设备，自己没有，做不来
  - **想得太简单**
    - 认为做抖音就是捡钱，只要开直播就能日入四位数
    - 认为只要发视频、开直播就能出单卖货，播放量过千，在线人数过百

- **小白通病（不坚定）**
  - **行动前**
    - 纠结：认为难，怕熟人看到，怕失败
    - 焦虑：看到别人赚钱，自己着急
    - 迷茫：不知道做哪种形式和赛道的账号
  - **行动后**
    - 急于求成：认为发视频、开直播就能赚钱，行动几天，看不到效果，就开始着急
    - 易放弃：开始数据差，没有达到预期，就开始三天打鱼，两天晒网，准备放弃
    - 浮躁：一心想走捷径，内心不踏实，相信各种玄学，各种尝试

- **端正心态（平常心）**
  - **不骄不躁**
    - 万事开头难，开始播放量低，不出单，直播间个位数都是正常的，且是必经之路
    - 无论开始数据好与不好，都要平常心对待，不断地分析数据，进行优化改进和提升
    - 不要三天打鱼，两天晒网，心情好了就做，不好就断更、断播，做好抖音需要一个过程
  - **正视自己**
    - 善于分析自己的兴趣和优势，以及多研究同行，找到适合自己的赛道和内容形式
    - 要有胜不骄，败不馁的心态，一步步脚踏实地地更新视频和开直播，内心不要轻易起起伏伏
    - 要有老板的创业思维，主动学习，不要总想着依赖他人，在网上很多问题都可以找到答案

二　正确方法

掌握正确的学习方法，磨刀不误砍柴工，节约时间，少走弯路，时间成本是最大的成本！

　　我们每个准备创业的普通人来到抖音平台上，想做自媒体账号赚钱的第一步就是要学习，送给所有看到这本书的朋友的第一句话就是树立一个正确的认知："会者不难，难者不会，只要学习就会，只要不学习就不会。"所以，我们一定要好好学习这本书里面的知识，有规划、有方法、有目标地去做，才能事半功倍，做抖音没有捷径，只有努力学习和坚持才是正道！

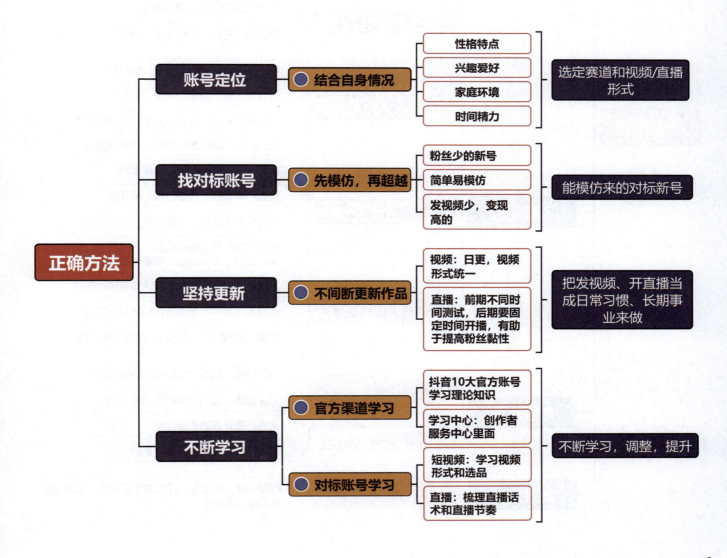

三　账号定位（商业 + 人设 + 内容）

定位定江山，做抖音第一步一定是先定位！

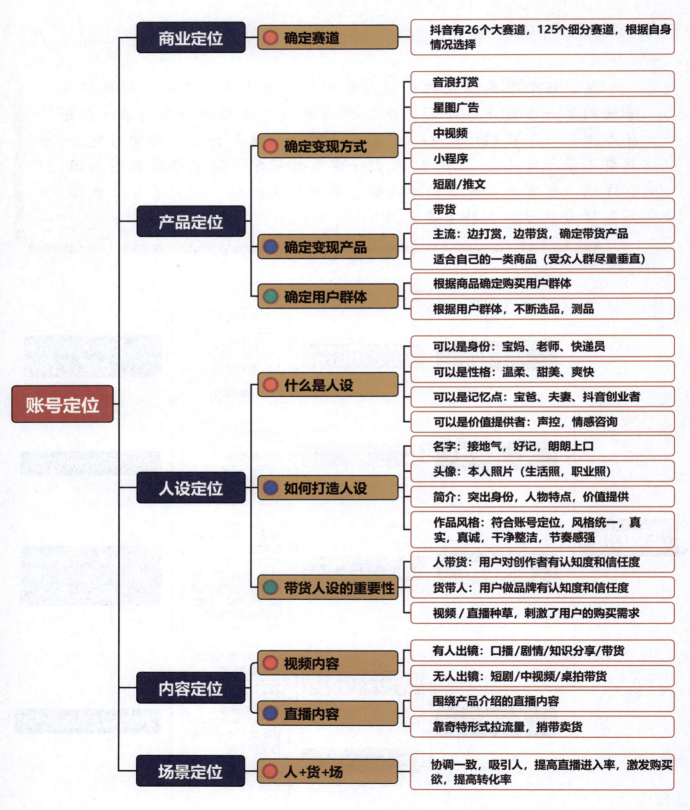

账号定位

- **商业定位**
  - 🔴 **确定赛道**
    - 抖音有26个大赛道，125个细分赛道，根据自身情况选择

- **产品定位**
  - 🔴 **确定变现方式**
    - 音浪打赏
    - 星图广告
    - 中视频
    - 小程序
    - 短剧/推文
    - 带货
  - 🔵 **确定变现产品**
    - 主流：边打赏，边带货，确定带货产品
    - 适合自己的一类商品（受众人群尽量垂直）
  - 🟢 **确定用户群体**
    - 根据商品确定购买用户群体
    - 根据用户群体，不断选品，测品

- **人设定位**
  - 🔴 **什么是人设**
    - 可以是身份：宝妈、老师、快递员
    - 可以是性格：温柔、甜美、爽快
    - 可以是记忆点：宝爸、夫妻、抖音创业者
    - 可以是价值提供者：声控，情感咨询
  - 🔵 **如何打造人设**
    - 名字：接地气，好记，朗朗上口
    - 头像：本人照片（生活照，职业照）
    - 简介：突出身份，人物特点，价值提供
    - 作品风格：符合账号定位，风格统一，真实，真诚，干净整洁，节奏感强
  - 🟢 **带货人设的重要性**
    - 人带货：用户对创作者有认知度和信任度
    - 货带人：用户做品牌有认知度和信任度
    - 视频 / 直播种草，刺激了用户的购买需求

- **内容定位**
  - 🔴 **视频内容**
    - 有人出镜：口播/剧情/知识分享/带货
    - 无人出镜：短剧/中视频/桌拍带货
  - 🔵 **直播内容**
    - 围绕产品介绍的直播内容
    - 靠奇特形式拉流量，捎带卖货

- **场景定位**
  - 🔴 **人+货+场**
    - 协调一致，吸引人，提高直播进入率，激发购买欲，提高转化率

第三节 基础知识

一 如何通过 7 个步骤开启抖音之路

（一）第一天 对平台有基础认知（或者直接学习这本书）

① 了解平台发展历程和现状

② 了解平台推流机制（短视频 / 直播）

③ 了解平台变现方式

（二）第二天 账号定位

① 领域定位【服装、美食、知识分享】

② 人设定位【宝妈、实体老板、外卖员、大学生】

③ 作品定位【口播类、剧情类、vlog（视频日志）类、对口型、桌拍类】

④ 变现方式【音浪＋带货＋广告＋创作者收益】

（三）第三天 找对标账号

① 了解自己的兴趣点，适合自己的才是最好的

找到适合自己的赛道和内容形式，坚持下去！

② 有效选择

根据自己的兴趣爱好和性格，选择 3~5 个主播进行学习。

（1）做的时间不长，容易模仿和超越。

（2）作品数据好或者直播数据好，变现可观。

③ 全方位研究对标账号

从对标账号的视频形式、内容、发作品时间、开直播时间，以及整个直播流程、开播话术、互动、控场、下播、变现等一系列去拆解研究，不要一知半解，盲目模仿。

④ 有效学习 2~3 天

根据自己的学习能力和对标账号难易程度，选择学习时间。

⑤ 学会总结

不要只看表面，要深入看到对标账号的创作者行为动机，学会思考总结。

（四）第四天　完善五件套

背景图

可以作为头像和简介的补充，进一步展示你的个人风格、账号特色或品牌形象，清晰简介即可，不要带任何影响属性的 Logo（标志）或者文字。

注意：账号前期，五件套不要有敏感词、广告、电话号码等。

头像

建议用出镜人的高清照片做头像，或者能凸显个人特色的合照也可以，来增加用户的信任感和亲近感，也有利于打造个人品牌形象。

昵称

简单，好记，一般 3~5 个字，抖音命名规则可参考以下 5 种情况。

（1）自己的小名或者大名

（2）名字 + 身份，如：XX 妈妈

（3）名字 + 职业 / 领域，如：XX 律师，XX 讲育儿

（4）地区 + 名字，如：东北 XX

（5）特征 + 名字，如：爱吃的 XX

个人简介

相当于名片的作用，建议体现以下 4 点。

（1）我是谁：简单介绍自己的身份和特点。

（2）我能做什么：明确说出账号的主题和内容方向。

（3）我的实力背书：过往的荣誉或者经历。

（4）我能为你带来什么价值：能为别人做什么。

抖音号

抖音号（可自行设置，180 天内只能修改一次，用简易好记的字母或数字进行设置，新人前期先不用着急更改，后面再改就行，不要用微信和电话）。

（五）第五天 学习拍摄和剪辑

① 拍摄

可以先制订拍摄内容，比如：口播，美食……然后可以用美颜相机、普通相机、ProMovie 进行视频拍摄。

② 剪辑

使用剪映进行剪辑就可以，功能齐全，简单操作。

（六）第六天 发作品（打标签＋涨粉）

① 多种类型，选择一种自己擅长的

（1）口播类   （2）剧情类   （3）vlog 类
（4）对口型   （5）桌拍类

② 作品要垂直，才有利于给账号打标签

（1）内容垂直   （2）形式垂直   （3）主题垂直
（4）文案垂直   （5）封面垂直

③ 作品要优质，利于涨粉

（1）清晰度在 1080P 以上
（2）画面有吸引力，引发停留
（3）文案有钩子 / 槽点，引发互动
（4）热门音乐，烘托气氛，引发共鸣

（七）第七天 开直播

四大好处：

（1）增加账号曝光
（2）增加变现渠道
（3）加快成长速度
（4）强化个人 IP（知识产权）

注意： 讲一个话题之前，一定要学会做铺垫，包装你的主题，下面有话术流程参考和详细的直播话术等资料。

二　一个人可以做几个抖音号

　　一般情况下，1 个人可以办 15 张手机卡（移动、联通、电信各 5 张）。一个手机号可以同时注册一个个人账号和一个企业账号；一个身份证可以实名一个个人抖音号和两个企业抖音号，并且可以正常进行直播和带货。

三　常见变现方式有哪些

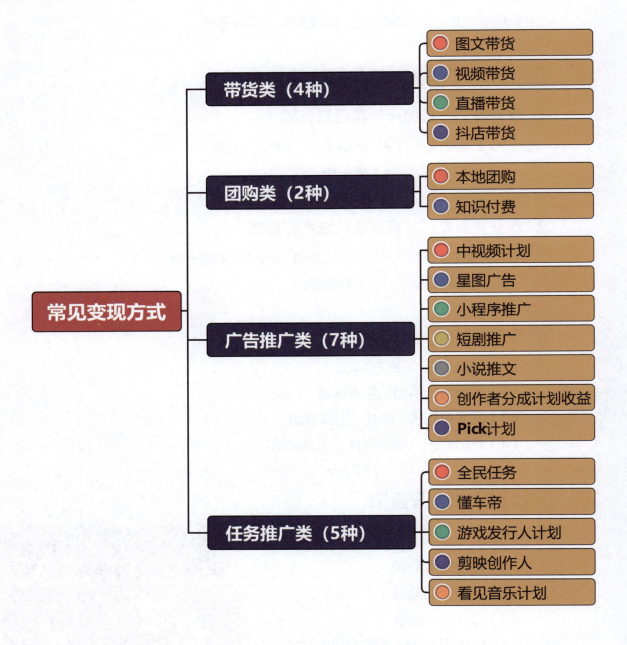

常见变现方式

带货类（4种）
- 图文带货
- 视频带货
- 直播带货
- 抖店带货

团购类（2种）
- 本地团购
- 知识付费

广告推广类（7种）
- 中视频计划
- 星图广告
- 小程序推广
- 短剧推广
- 小说推文
- 创作者分成计划收益
- Pick计划

任务推广类（5种）
- 全民任务
- 懂车帝
- 游戏发行人计划
- 剪映创作人
- 看见音乐计划

四　橱窗 + 视频 + 图文 + 直播四种带货门槛分别是什么

橱窗带货
（1）抖音实名
（2）缴纳 500 元保证金

视频带货
（1）满足橱窗带货
（2）500 个有效粉丝

图文带货与直播带货
（1）满足橱窗带货
（2）1000 个有效粉丝

橱窗带货

视频带货

图文带货与直播带货

五　新手做账号常用的设备有哪些

手机直播设备必备清单

① 手机

苹果或安卓手机都可以

✓　像素高，内存大，运行流畅即可

✓　最好是 128G 内存和 1200W 像素以上

这样画质高清，直播效果也更好

② 手机支架

一般可选桌面支架和落地支架

✓　可自由伸缩，三脚结构相对稳定

✓　桌面、地面都可摆放使用

✓　360 度自由变换，满足各种角度的直播

③ 散热器

一般建议选可以与手机兼容的

✓　有效降低手机温度

✓　噪音小，不影响直播效果

✓　体形小，安在手机上不碍事

❹ 麦克风

一般建议用无线领夹麦克风收录声音

- ✓ 续航时间长
- ✓ 小巧轻便，便于使用
- ✓ 降噪效果好，无杂音
- ✓ 传输距离远，收音效果好

❺ 灯光

一般建议选用圆形灯光或者方形灯光

- ✓ 两种灯光通常有多种亮度可选
- ✓ 圆形灯光通常也会配有支架，是个人拍视频或直播首选
- ✓ 方形灯光通常作为圆形灯光的补充，放在两侧进行灯光补充

小 提 示

　　没有选择好直播设备会给直播带来一些不良影响，比如以下。

　　（1）在画面呈现上，画质模糊、分辨率低、色彩失真，让观众难以看清内容细节，产品展示或场景介绍都会大打折扣。

　　（2）声音方面，若是麦克风不佳，会出现杂音、音量小或声音不同步的情况，干扰观众收听。

　　（3）设备不稳定，像频繁死机、掉线，会让直播中断，显得主播很不专业。

　　（4）灯光若不合适，主播形象和直播间氛围都会受损。最终，导致观众大量流失。

六　如何 0 元开通 / 关闭企业号

第一步
点击 右上角三条横线

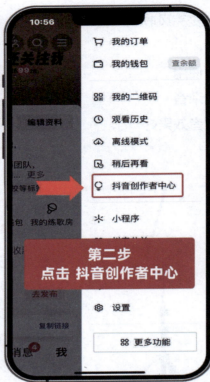

第二步
点击 抖音创作者中心

第三步
点击 全部

第四步
点击 企业号

第五步
点击 立即申请

第六步
点击 去上传

以下所有手机操作页面，根据不同版本，操作页面会有差异

七　黄 V 和蓝 V 的介绍、认证流程和区别是什么

（一）什么是"黄 V"和"蓝 V"

V 黄 V

> **黄 V**：是个人账号认证，主要针对公众人物、领域专家和网络名人，具备内容豁免权等特权。

V 蓝 V

> **蓝 V**：是企业账号认证，需要绑定企业及公司的相关资料并通过官方审核，拥有更高的权重和更多商业功能，如发布产品信息、建立购物车等。

（二）如何认证"黄 V"和"蓝 V"

第一步
点击 右上角三条横线

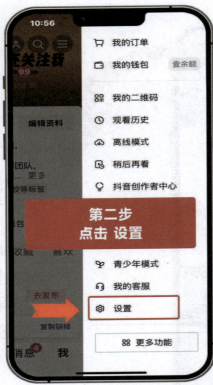

第二步
点击 设置

第三步
点击 账号与安全

第四步
点击 申请官方认证

第五步
点击 认证

（三）两者的区别

 黄 V　　　　　 蓝 V

	黄 V	蓝 V
认证对象	个人用户，如公众人物、领域专家、网络名人等，需满足一定条件（如粉丝量、作品数等）	企业、政府、媒体、机构、组织等官方账号，须提供营业执照和公司相关资料等
审核标准	相对较宽松，主要考查在特定领域的知名度和影响力	相对较严格，需提供详细证明材料，经过严格审核程序
认证费用	一般无费用（特殊情况除外）	目前无费用
特权功能	主要是上传原唱歌曲到抖音（部分黄 V 可能有其他少量特权）	首页电话功能、不限流功能、自定义私信菜单功能、自动回复私信功能、视频置顶功能、账号运营评估功能（部分功能可能因版本或政策有变化）、多平台管理等
账号性质	个人账户	企业账户
适用场景	适合个人展示专业能力、提升个人影响力等	适合企业进行品牌推广、产品营销、客户服务等
公信力和权威性	一般公信力和权威性，主要基于个人在特定领域的表现	具有较高的公信力和权威性，能发布更正式、权威的内容，受更多用户信任和关注

八　如何注销旧账号

第一步
点击 右上角三条横线

第二步
点击 设置

第三步
点击 账号与安全

第四步
点击 注销账号

注销账号需要满足下以条件。

（1）账号处于安全状态

（2）账号财产已结清，交易已完成

（3）账号授权、绑定已解除

（4）账号无任何纠纷，包括但不限于投诉或举报，服务均已完成且已自愿放弃

提交账号注销后，有 7 天冷静期，7 天内如果再次登录该账号，将取消注销账号申请，只有在 7 天后，抖音才会完全删除该账号，然后，用户就可以重新注册新抖音号。

九　如何查看抖音规则中心

第一步
点击 右上角三条横线

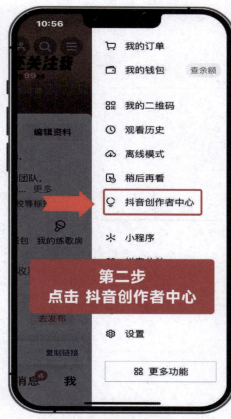

第二步
点击 抖音创作者中心

规则中心主要包括以下。

（1）社区总则
（2）社区细则
（3）规则解读
（4）垂类细则
（5）电商规则
（6）生活服务规则

第三步
点击 右上角设置

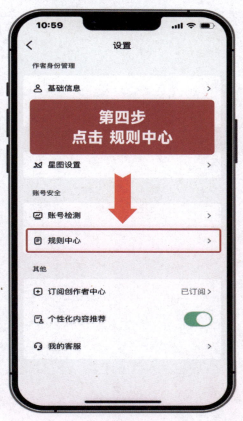

第四步
点击 规则中心

第二章
账号搭建与运营篇

第一节 账号搭建

一　如何正确注册一个抖音号

一个手机可以登录多个抖音账号进行切换，并且目前一个手机号可以注册一个个人抖音号和一个企业抖音号。

第一步
点击 下载

第一步
点击 右上角三条横线

第三步
点击 设置

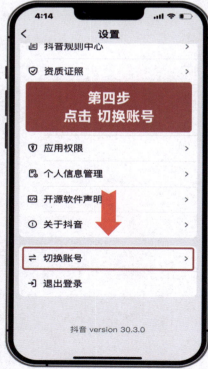

第四步
点击 切换账号

第五步
点击 添加或注册新账号

第六步
勾选同意后，输入手机号

二 如何实名认证抖音号以及更改实名

（一）如何实名认证抖音号

第一步
点击 右上角三条横线

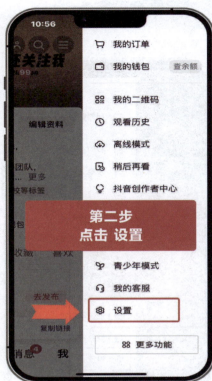

第二步
点击 设置

抖音实名的好处。

（1）**方便开通更多功能**：橱窗、图文、短视频、直播带货权限。

（2）**便于资金交易与提现**：只有实名认证账号才能绑定银行卡进行提现。

（3）**提高账号安全性**：降低他人盗用的风险，即使被盗用，也可以凭借实名认证信息，进行找回。

第三步
点击 账号与安全

第四步
点击 实名认证

第五步
输入身份信息

（二）如何更改实名认证

个人账号：一个账号只能更改一次实名，并且部分账号要求新旧实名人之间存在亲属关系才能更改实名。

第一步
点击 右上角三条横线

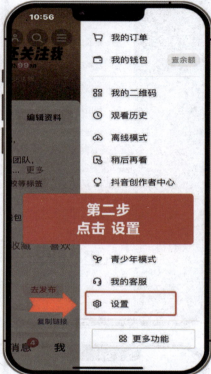

第二步
点击 设置

第三步
点击 账号与安全

第四步
点击 实名认证

第五步
点击 更正实名人

第六步
上传亲属关系证明

个人账号、企业账号、店铺账号的区别

	个人账号	企业账号	店铺账号（抖音小店）
认证主体	个人身份证	企业营业执照或个体工商户营业执照	企业营业执照或个体工商户营业执照
认证费用	免费	免费	根据类目和经营情况收取保证金等
标识显示	无明显标志	有蓝 V 认证标识	有店铺标识
附加功能	功能特权少，实名认证后无特殊标志	功能特权多，如昵称保护、全昵称搜索置顶、展示企业信息、视频置顶、官网链接、添加电话号、添加商品单页、自定义菜单、个性签名、抖音开店等	可进行商品展示和销售，拥有店铺管理功能，如商品上下架、订单处理、客户服务等；部分功能与企业账号类似
运营身份	运营的身份是个人，账号资料不能涉及企业信息	运营的身份是企业，账号资料需符合企业定位，不能超出企业经营范围	运营的主体是企业或个体工商户
账号命名	不能使用企业、集团、官方、经销	可使用企业、集团、官方、经销等词汇，需符合企业经营范围	需符合平台相关规定
适用场景	适合记录和分享个人生活日常	适合品牌推广、产品宣传、客户服务等商业活动	主要用于电商销售场景
提现账户	个人银行卡	企业店的提现账户只能是对公账号	个体店可以对公也可以对私
认证账号	一个身份证只能认证一个抖音号	个体营业执照可以认证一个蓝V账号，企业营业执照可以认证一个主账号和一个垂直帐号	一个店铺只能绑定一个店铺官方号，但是普通企业店和个体店绑定权限一样只能绑定三个授权账号（绑定渠道号有 1000 个粉丝要求）；品牌类型的企业店（旗舰店、专营店、专卖店）可绑定十个授权号（无粉丝要求）

四　如何调整抖音字体大小

抖音后台"字体大小"设置，有3种型号可选：标准、大号、超大号。

第一步
点击 右上角三条横线

第二步
点击 设置

第三步
点击 字体大小

第四步
选择想要的字体大小

调整字体大小

勾选下方字号档位查看字体放大效果，选中合适的倍率后点击右上角完成即可。

五　如何搭建账号 5 件套

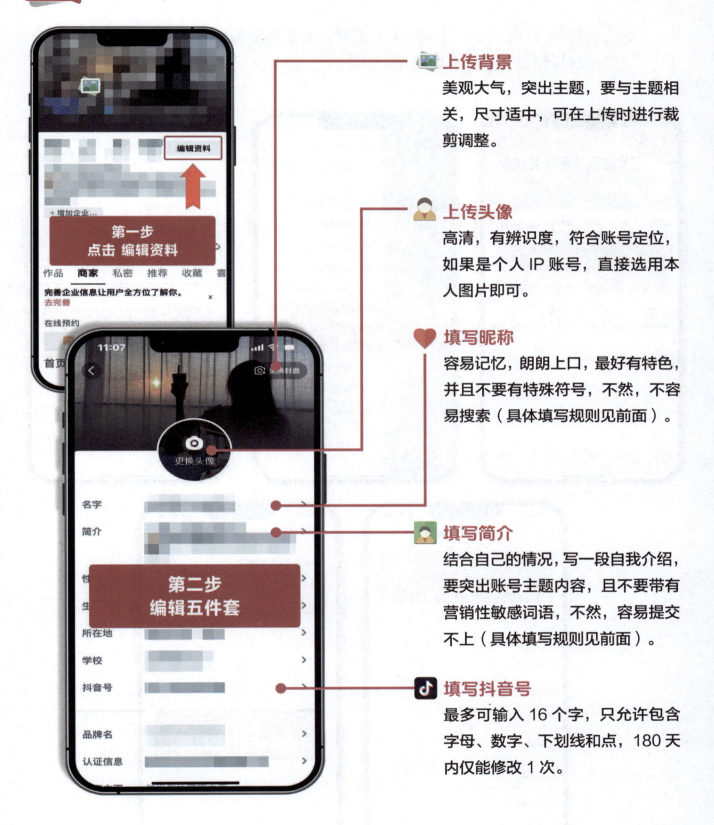

上传背景

美观大气，突出主题，要与主题相关，尺寸适中，可在上传时进行裁剪调整。

上传头像

高清，有辨识度，符合账号定位，如果是个人 IP 账号，直接选用本人图片即可。

填写昵称

容易记忆，朗朗上口，最好有特色，并且不要有特殊符号，不然，不容易搜索（具体填写规则见前面）。

填写简介

结合自己的情况，写一段自我介绍，要突出账号主题内容，且不要带有营销性敏感词语，不然，容易提交不上（具体填写规则见前面）。

填写抖音号

最多可输入 16 个字，只允许包含字母、数字、下划线和点，180 天内仅能修改 1 次。

六　如何设置抖音密码

设置抖音密码的好处是：除了手机号、验证码登录抖音账号，还可用登录账号和密码登录抖音账号。

第一步
点击 右上角三条横线

第二步
点击 设置

第三步
点击 账号与安全

第四步
点击 设置抖音密码

第五步
输入想设置的密码

七　如何更换已经绑定的手机号

第一步
点击 右上角三条横线

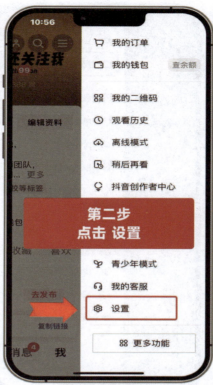

第二步
点击 设置

第三步
点击 手机绑定

第四步
点击 更换

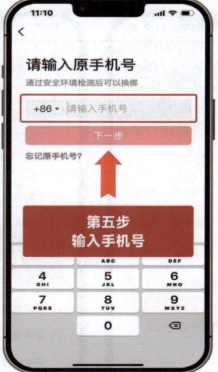

第五步
输入手机号

八　如何绑定银行卡

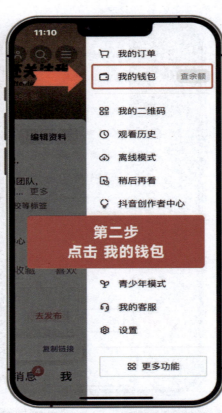

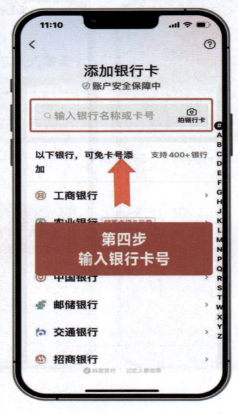

绑定银行卡主要有以下作用。

1. 消费支付方面

（1）**购物便捷：** 在抖音平台上进行商品购买时，可以直接使用绑定的银行卡进行支付，无须再通过其他第三方支付平台进行跳转。

（2）**缴纳保证金：** 橱窗带货、短视频带货、直播带货等权限，需要缴纳500元保证金。

（3）**打赏送礼：** 如为喜欢的主播进行充值、礼物打赏。

2. 收益提现方面

可以将带货佣金、视频创作收益、广告分成等获得的收入提现到银行卡中，实现变现。

九 如何进行钻石（抖币）充值

（一）手机充值

安卓手机充值 1 元钱，到账 10 钻石；苹果手机充值 1 元钱，到账 7 钻石。

（二）电脑充值

电脑充值是充值 1 块钱，到账 10 钻石。

充值链接：https://www.douyin.com/pay

第二节 账号运营

一 如何快速找对标账号

（一）三个选择标准

① **内容形式上**：拍摄剪辑简单，自己能模仿甚至超越的。

② **运营时间上**：半年内涨粉最快，或者单量销售最多的。

③ **粉丝体量上**：10 万粉丝内，且粉丝画像和你账号目标人群高度匹配的。

（二）7 种方法汇总

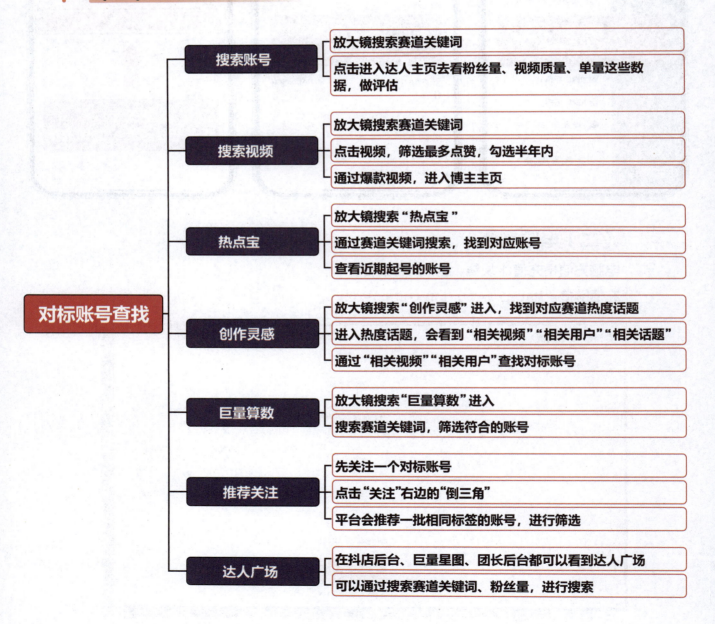

对标账号查找	搜索账号	放大镜搜索赛道关键词
		点击进入达人主页去看粉丝量、视频质量、单量这些数据，做评估
	搜索视频	放大镜搜索赛道关键词
		点击视频，筛选最多点赞，勾选半年内
		通过爆款视频，进入博主主页
	热点宝	放大镜搜索"热点宝"
		通过赛道关键词搜索，找到对应账号
		查看近期起号的账号
	创作灵感	放大镜搜索"创作灵感"进入，找到对应赛道热度话题
		进入热度话题，会看到"相关视频""相关用户""相关话题"
		通过"相关视频""相关用户"查找对标账号
	巨量算数	放大镜搜索"巨量算数"进入
		搜索赛道关键词，筛选符合的账号
	推荐关注	先关注一个对标账号
		点击"关注"右边的"倒三角"
		平台会推荐一批相同标签的账号，进行筛选
	达人广场	在抖店后台、巨量星图、团长后台都可以看到达人广场
		可以通过搜索赛道关键词、粉丝量，进行搜索

二　如何快速涨到 1000 个有效粉丝

平台对有效粉丝的定义是： 创作者通过发布符合平台内容要求的优质内容或者直播，所带来的真实关注粉丝数。

解析图一、图二：

　　用的"猪猪特效"同款涨粉视频，大大提高关注度，如果一个视频效果不明显，可以多发几个，基本都能上热门，1 天就能涨到 1000 个粉丝。当然，如果自己能模仿同赛道爆款视频拍出高质量作品或者开直播有内容输出最好，这样可以通过正规渠道自然涨粉，或者投 DOU+ 或者千川涨粉。但是，如果是通过别人直播间互关互助涨粉，那样涨的粉丝是不算有效粉丝的。

三　如何给账号打上精准标签及验证方法

（一）如何给账号打上精准标签

① 精准定位与信息设置

（1）**明确账号定位：** 在创建账号之前，就要确定好细分的领域和主题。

（2）**完善账号信息：** 头像、昵称、简介等都要与账号定位相关，让用户和平台能够快速了解账号的属性。

② 持续垂直内容输出

（1）**内容主题垂直：** 发布的视频在主题、风格、场景等方面都要保持一致。

（2）**形式风格统一：** 包括视频的拍摄手法、剪辑风格、封面设计等也要尽量保持统一。

③ 合理利用标签功能

（1）**视频文案标签：** 在视频的标题、描述、话题等文案中，添加与内容相关的关键词标签。

（2）**创作者标签设置：** 在抖音创作者中心的相关功能中，设置自己的创作者标签。

④ 积极互动与关注

（1）**与同领域账号互动：** 关注同领域的优质账号，点赞、评论、转发他们的视频，与他们的粉丝进行互动。

（2）**引导用户互动：** 在视频中设置一些互动环节，如提问、投票、话题讨论等，鼓励用户在评论区留言。

（二）如何验证账号是否打上精准标签

（1）通过巨量算数查看

（2）通过抖音热点宝查看

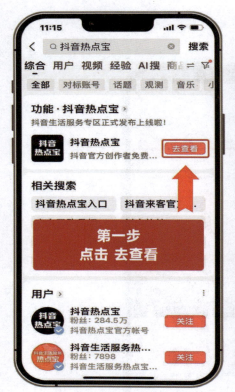

四　如何检测账号是否违规及清理僵尸粉

为什么要定期检查账号是否违规或者清理僵尸粉

定期清理检查违规及清理僵尸粉的好处是：保证账号持续正常运营，避免限流和降低账号互动率及活跃率指标，进而提高账号的整体运营效果。

第一步
点击 右上角三条横线

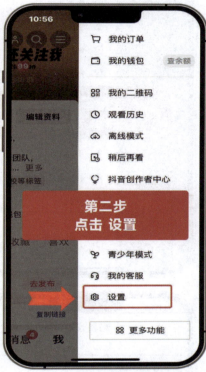

第二步
点击 设置

第三步
点击 账号与安全

第四步
点击 抖音安全中心

第五步
点击 更多功能

第六步
点击 自助清粉

五 如何开通 / 关闭同城

第一步
点击 右上角三条横线

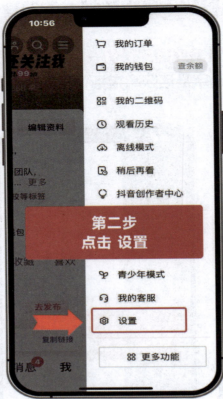

第二步
点击 设置

抖音后台隐私设置里面的"同城展示"功能，指的是用户的作品和直播是否可以被同城的其他用户看到。

如果开启了"同城展示"，那么抖音会通过大数据分析获取用户的相关信息，并将其作品和直播推送给同城的其他用户。

相反，如果关闭了"同城展示"，用户的作品和直播将不会在同城页展示。

同城展示的范围通常基于用户的 IP 地址（互联网协议地址）而定，一般是用户所在的市或区。其具体的推送范围和效果可能还会受到其他因素的影响。

第三步
点击 隐私设置

第四步
点击 同城展示，选择关闭

六　如何设置不推荐给认识的人

在正常情况下，抖音会通过读取用户的通讯录、社交媒体账号绑定信息、共同好友关系等，判断哪些用户可能是该用户认识的人，并在推荐中展示这些"可能认识的人"的账号或视频内容。

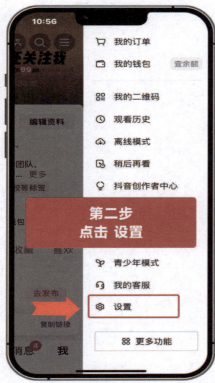

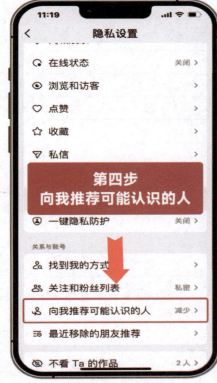

第三章
橱窗与图文带货篇

第一节　0 粉橱窗带货

一　如何开通商品橱窗

抖音官方更新了最新电商带货权限通知： 只要进行了实名认证，支持创作者 0 保证金入驻，0 粉丝开通橱窗带货权限。

　　如果不缴纳保证金，只可以在选品广场添加商品到自己的橱窗，并且仅限自己看到和购买，如果要想自己的橱窗对外展示，且别人可以进入自己的橱窗购买商品，则必须缴纳 500 元保证金。

二　如何缴纳 / 退回保证金

（1）**初次缴纳：** 初次缴纳保证金是 500 元，后期会随着带货成交额增加而有所增加。

（2）**退回保证金用时：** 官方给出的标准是 4 个工作日内，但是，一般 1~3 天就能到账。

第一步
点击 抖音创作者中心

第二步
点击 电商带货

第三步
点击 全部工具

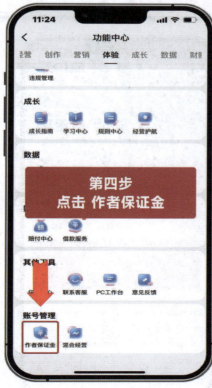

第四步
点击 作者保证金

第五步
点击 充值

三　如何在橱窗添加商品

把商品添加到橱窗和选品车的区别是：选品车相当于一种临时存储商品的橱窗，一旦开始推广，商品便会从选品车里面消失，自动添加到橱窗，并且别人无法看到自己选品车里面的商品，只有创作者自己可以看到，而橱窗里面的商品，可以供别人随时查看和下单购买。

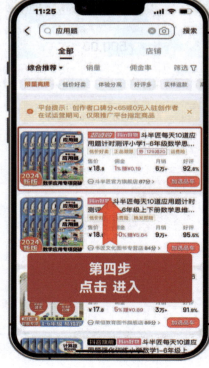

四　如何选择爆款商品

（一）"选品广场"—— 爆款榜单

第一步
点击 电商带货

第二步
点击 选品广场

第三步
点击 爆款版进行选取

（二）"创意中心"—— 热度榜单 / 销量榜单

第一步
点击 电商带货

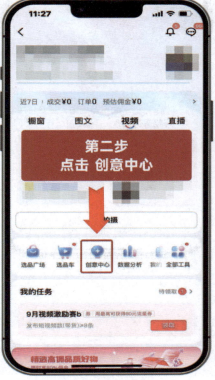

第二步
点击 创意中心

第三步
点击 视频、图文、直播

五 如何在评论区添加橱窗入口链接

在评论区添加橱窗链接的好处。

（1）提高商品曝光率

（2）促进销售转化

（3）增强用户互动

（4）优化用户体验

六　如何在自己橱窗下单赚取佣金

现在很多人习惯在抖音平台购买商品，但是，如果把自己想在平台购买的商品，先添加到自己的橱窗再下单，就可以赚取自己的下单佣金。

第一步
点击 电商带货

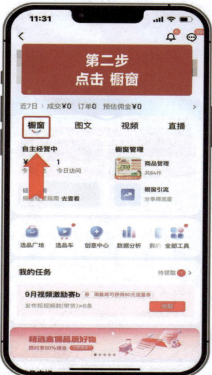

第二步
点击 橱窗

第三步
点击 橱窗管理

第四步
点击 商品

第五步
点击 详情

第六步
点击 领券购买

七　橱窗如何开通或者关闭托管

橱窗托管指的是达人将抖音橱窗的管理委托给抖音平台，会自动不定期地在橱窗上架下架一些热门产品。

第一步
点击 电商带货

第二步
点击 全部工具

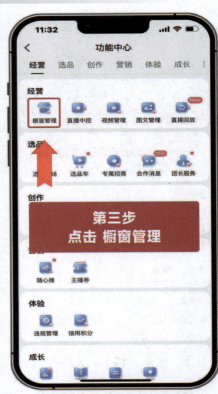

第三步
点击 橱窗管理

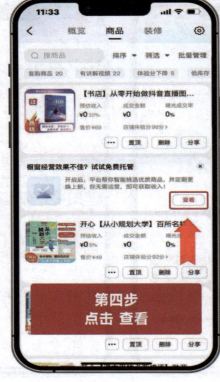

第四步
点击 查看

第五步
点击 同意并开启托管

八 如何查询并提高带货口碑分

（一）如何查询带货口碑分

① 什么是口碑分

口碑分是抖音平台基于达人分享的商品评价、销量、售后、投诉等多维度数据综合计算得出的一个分值。

② 口碑分的重要性有哪些

达人口碑分对于达人来说具有多方面的重要性，主要体现在以下几点。

（1）**影响购买转化**：口碑分在作者自己的商品橱窗、直播间购物袋列表、商品详情页等核心位置展示，评分越高，越能给买家信任感，从而可能提高商品的购买转化率。

（2）**影响流量获取**：口碑分越高，达人可能获得平台更多的流量倾斜，进而增加商品的曝光度和销售机会。

（二）如何提高带货口碑分

如何提高账号口碑分： 口碑分降低，会直接影响到流量和出单转化，4.0 以下的不仅会影响正常的流量，而且随心推、千川投流也消耗不了。三步快速提升口碑分。

① 第一步

　　进入橱窗管理，看商品的整体评价，因为刚开始去添加的时候，这个商品可能评分在 4.8 以上，但是挂了一段时间，可能就会掉下来，因为有其他达人在带货，商家的体验分，低于 4.8 的，这个品可以删除。然后看店铺的好评率，如果低于 85% 的，也可以把这个品删除。最后看出单数据，今日数据右上角有一个商品图标，点开看有没有差评率，差评率要控制在 0.5% 以下，超过的就删除。

② 第二步

　　商品一定要选择整体评分 4.9 以上的，并且好评率是在 90% 以上的商家。

③ 第三步

　　快速提高口碑分的方法：首先选择整体评分 5.0 的商家，好评率一样在 90% 以上，但是重点注意出单量，所以要选择客单价比较低的品，越低越好，出单量起来了，加上好评，就能快速提高口碑分。

九　如何查询并提高信用分

（一）如何查询信用分

抖音信用分。

信用分是抖音平台为评估用户（包括商家和达人等）在平台上的行为和信用水平而设立的一种信用评估机制。

总分为 12 分，如果抖音达人账号的信用分被扣完，账号将被暂停使用，商品分享功能（包括橱窗权限、购物车权限及直播商品分享功能权限）会被暂时或永久关闭。

（二）如何通过参加考试提高信用分

抖音账号信用分在平台上具有重要性，主要体现在以下几个方面。

（1）**视频推荐：** 信用分较高的用户，其视频可能更频繁地出现在推荐页面，从而增加曝光和观众互动的机会；而信用分低的用户，视频和直播间的推流可能会减少。

（2）**内容发布权限：** 信用分较低的用户可能会受到一些发布权限的限制，例如某些功能被禁用或发布内容受限。

（3）**账号封禁风险：** 如果信用分长期过低，可能会增加账号被封禁的风险。

（4）**参加平台活动：** 许多抖音活动需要用户达到一定的信用分才能参加，例如开通直播、参加主播计划等。

（5）**提高账号权重：** 信用分高的用户发布的视频在搜索结果中更容易排名靠前，进而提高账号权重。

十 如何查询 UID 让商家定向高佣

第一步
点击 右上角三条横线

第二步
点击 设置

如果在设置页面最下面，点击 6 下，未显示 UID（用户身份证明），建议多点击几下。除了让商家定向佣金会使用到 UID，商家用千川代投流的时候也会用到 UID。账号出现异常时，抖音客服可能会要求用户提供 UID 来验证身份，以便更快地找回账号或解决账号问题。

第三步
快速连续点击6下

第四步
长按复制

十一 如何提现带货佣金

（一）佣金结算周期如下

① 无纠纷情况

用户确认收货且 15 天后无纠纷无售后，佣金结算至账户。

② 有纠纷情况

用户与商家在"15 天无理由退货"期内发生售后纠纷，纠纷解决之日佣金结算到账户。

（二）佣金提现服务费及到账时间

平台会在订单结算后，自动把商家给达人的佣金，抽取 10% 作为服务费，因此，后台显示的佣金已经是扣除服务费之后的净到账佣金了，而佣金提现通常隔天就会到银行卡，最慢不超过 3 个工作日到账。

第二节 图文带货

一　什么是图文带货

（一）呈现形式，如左图

（1）两张以上循环播放且可滑动的图片。

（2）左下角有挂载商品链接的小黄车。

（二）图片展示类型

（1）商品实物图：清晰展示商品的外观、颜色、细节等，让用户直观地了解商品的模样。

（2）使用场景图：呈现商品在实际使用中的场景，帮助用户更好地想象自己使用该商品的情况。

（3）搭配效果图：对于服装、饰品等商品，可以展示搭配后的效果图，给用户提供搭配灵感。

（三）图文优势

（1）简单易操作，可以让更多的创作者参与进来。

（2）制作成本低，不需要花费太多时间、精力拍摄剪辑。

（3）可以更直观展示产品外观、细节、颜色等特点。

（4）方便用户收藏、保存。

二　如何开通图文带货权限

图文带货权限门槛：自 2024 年 8 月 20 日起，抖音个人号图文带货权限的门槛由原来的 500 个有效粉丝调整为不少于 1000 个有效粉丝，账号近 3 个月无严重违规，已实名，且年龄不小于 18 周岁，才可在图文发布时添加"商品""店铺""橱窗"标签。

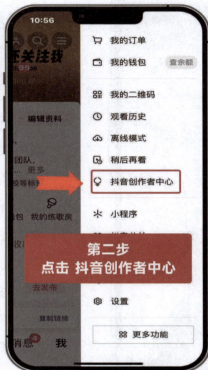

三　如何对图片进行处理

（一）可使用工具

❶ 下载去水印：轻抖小程序

> **轻抖去水印 - 小程序**　　　　　更多 >
>
> **抖轻** **抖轻去水印**程序
> 去水印小程序 一键去水印工具 去水印免费工具 短视
> 频去水印 图片去水印 无水印保存视频...
> ☺ 个人

❷ 修图：美图秀秀、醒图

美图秀秀

醒图

（二）操作步骤

**❶ 在各大平台下载去水印
图片，或者自己实拍**

**❷ 利用修图软件进行图片
精修 / 文案编辑 / 拼接**

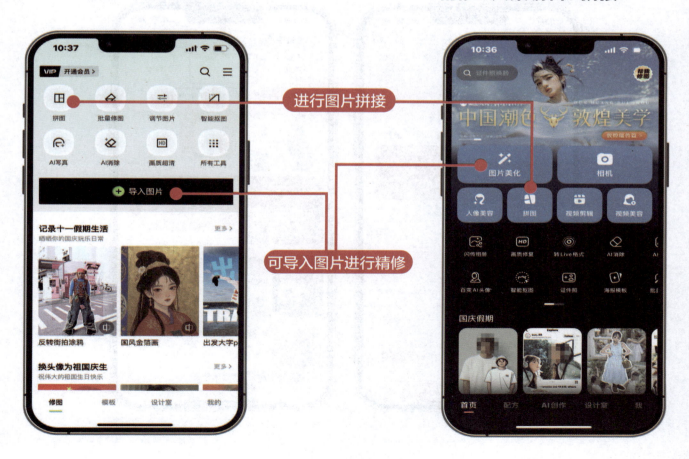

进行图片拼接

可导入图片进行精修

四　如何选择图文爆品

在创意中心里面可以分别看到图文带货类型，各个类目的热度榜单和销量榜单，并且可以选择时间：近 1 小时，近 24 小时，近 1 周，近 1 个月，建议可以去跟进近 1 小时和近 24 小时的热度商品。

五　如何发布图文带货

发布图文带货和发布视频带货的流程是一样的，只不过呈现形式变成了画面静态的图片。

第一步
点击 +号

第二步
点击 相册，选择图片

第三步
点击 添加标签

第四步
点击 商品，添加商品

第五步
输入推广标题

第六步
点击 发布

第四章
短视频运营篇

第一节　推流机制

（一）抖音短视频算法倒三角流量池

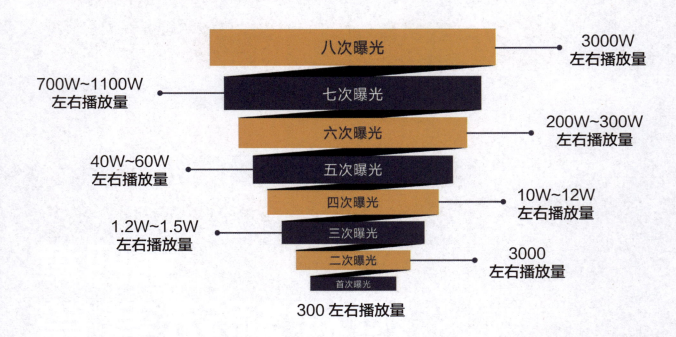

八次曝光　3000W 左右播放量

700W~1100W 左右播放量　七次曝光

六次曝光　200W~300W 左右播放量

40W~60W 左右播放量　五次曝光

四次曝光　10W~12W 左右播放量

1.2W~1.5W 左右播放量　三次曝光

二次曝光　3000 左右播放量

首次曝光

300 左右播放量

（二）抖音发作品的推荐流程

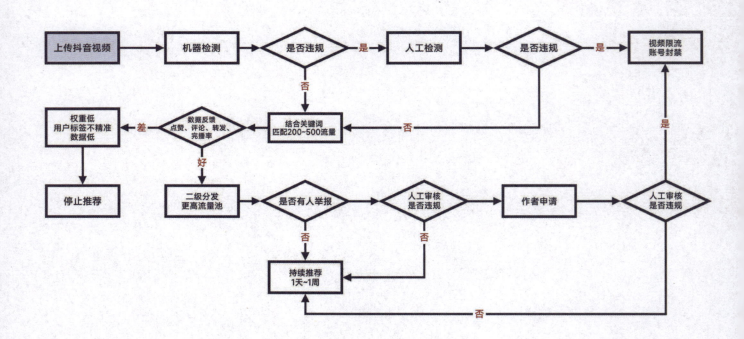

第二节　短视频起号

一　起号思维和技巧

（一）起号思维

① 目标导向思维

明确自己做短视频的目标是什么，是品牌推广、带货销售、知识分享还是娱乐大众等。不同的目标决定了不同的内容策略和运营方法。

② 用户需求思维

深入了解目标用户的需求、痛点和兴趣点，制作出能够满足他们需求的内容。

③ 差异化思维

在众多的短视频中脱颖而出，需要有独特的创意和风格。可以从内容形式、表现手法、主题选择等方面入手，打造出与众不同的短视频。

④ 长期坚持思维

短视频的起号不是一蹴而就的，需要长期的坚持和努力。持续输出优质的内容，积累粉丝和影响力，才能实现账号的长期发展。

（二）起号技巧

① 账号定位

（1）明确账号的主题和风格，选择一个自己擅长或感兴趣的领域。

（2）确定目标用户群体，了解他们的年龄、性别、兴趣爱好等特征，以便更好地满足他们的需求。

（3）打造独特的账号形象，包括昵称、头像、简介等，让用户一眼就能记住你的账号。

② 内容创作

（1）选题策划：关注热点话题和用户需求，结合账号定位进行选题策划。

（2）视频制作：确保视频的画质清晰、声音清晰，拍摄和剪辑要专业。

（3）内容价值：提供有价值的内容，让用户有所收获。

（4）创意创新：不断尝试新的创意和表现手法，让视频更加新颖有趣。

③ 发布策略

（1）发布时间：了解目标用户的活跃时间，选择在用户活跃度高的时间段发布视频。

（2）标题和话题：写一个吸引人的标题，突出视频的亮点和核心内容。

（3）互动引导：在视频中引导用户点赞、评论、分享和关注。

二　视频发布时间和频率

- **1 个月 + 更新 1 个作品**

  长时间不更新，账号被系统标记为僵尸号，活粉已经大规模地取关，后期即便是恢复更新再想起步也是困难重重，非必要不推荐断更！

- **半个月发 1 个作品**

  账号活跃度大幅下降，粉丝活跃度飞速下降，开始小规模掉粉，应尽快恢复更新。

- **1 周发 1 个作品**

  更新时间长会影响账号活跃度，播放量、活跃度出现下降；如果是新号，涨粉的过程会变得很慢。

- **1 天发 1 个作品**

  账号权重活跃不影响，流量集中，推送也更加密集，属于比较常见的更新频率。

- **1 天发 3 个作品**

  对于新号，不建议每天发太多，因为质量没保障，发得多，反而被定义为低质量账号；后期，账号有了权重和较高的播放量，可以 1 天发 3 个作品，提高热门概率。

短视频最佳发布时间

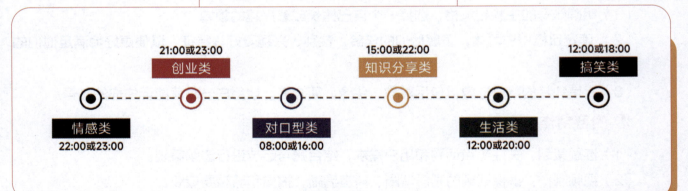

三　破播放五个维度

① 2秒跳出率

开头2秒一定要吸引人，可以从画面、文案、音乐等方面吸引人，避免在2秒内离开视频。

② 完播率

整个视频要节奏感强，情节紧凑，避免用户中途跳出视频。

③ 点赞率

视频内容有正能量、有价值，更能引起别人点赞。

④ 评论率

视频内容有槽点、疑问和争论点，更能引起评论互动。

⑤ 转发率

视频内容正能量、有价值，更能引起别人分享出去，一传十，十传百，分享转发能够大大增加视频曝光。

不同时长上热门作品数据参考

■ 作品时长：7~10s

完播率＞50%	点赞率＞4%	评论率＞4%	转发率＞0.3%

■ 作品时长：15~25s

完播率＞40%	点赞率＞4%	评论率＞4%	转发率＞0.3%

■ 作品时长：25~30s

完播率＞30%	点赞率＞4%	评论率＞3%	转发率＞0.3%

■ 作品时长：30~60s

完播率＞25%	点赞率＞3%	评论率＞2%	转发率＞0.3%

■ 作品时长：60~120s

完播率＞25%	点赞率＞2%	评论率＞2%	转发率＞0.2%

四 常见视频形式

真人出镜类

知识讲解类

专业知识分享类: 比如律师讲解法律案例及相关法律条文、医生科普医学知识、教师传授学科知识等

生活经验分享: 分享生活中的各种经验,如烹饪技巧、家居清洁妙招、育儿经验等

故事讲述类

个人经历分享: 讲述自己的创业故事、旅行经历、成长感悟等,引起观众的共鸣

情感故事演绎: 以短剧的形式演绎各种情感故事,如爱情、友情、亲情等

产品评测类

实物产品评测: 对电子产品、美妆产品、食品、服装等各类实物产品进行评测

服务产品评测: 对各类服务产品进行评测,如酒店住宿、餐饮服务、美容美发等

技能展示类

才艺表演: 展示唱歌、跳舞、乐器演奏、魔术等才艺

手工制作: 展示手工制作过程,如陶艺、木工、手工编织等

探店打卡类

美食探店: 到各类餐厅、小吃店品尝美食,并对菜品、环境、服务等进行评价

旅游景点打卡: 前往各地旅游景点,分享游玩体验和景点特色

无真人出镜类

摄影风景类: 展示自然美景,配上动听音乐,做成风景治愈视频

二维动画类: 制作二维动画视频,内容可以是搞笑动画、科普动画、故事动画等

影视解说类: 将一部电影或者电视剧内容进行缩减,概括,解说出来

音乐歌词类: 直接展示热门音乐,伤感类居多,然后配歌词文案,给人代入感,进行点赞、分享

图文种草类: 以图片和文字的形式介绍书籍,展示书籍的封面、目录、精彩片段等

桌拍带货类: 对商品的包装、品质细节,进行视频展示、推销

搬运混剪类: 通过搬运多个视频,进行去重混剪组合

有声读物类: 将书籍、文章等文字内容转化为音频,制作成有声读物

五   抖音爆款视频封面文案公式

1. 问题引导式

提出一个观众可能关心的问题，引起好奇心。

公式：疑问词 + 问题内容

例如："为什么你的视频总是不火？" "怎样才能快速减肥？"

2. 数字吸引式

利用具体的数字来突出内容的价值或吸引力。

公式：数字 + 效果 / 内容描述

例如："7 天学会绘画技巧" "5 个让你变美的小秘诀"

3. 结果导向式

直接呈现观看视频后能获得的结果。

公式：达成的结果 + 方式 / 原因

例如："轻松瘦十斤，只因做了这三件事" "月入过万，全靠这个副业"

4. 悬念制造式

设置悬念，激发观众的探索欲。

公式：悬念语句 + 省略号或问号

例如："他竟然做出这种事……" "这个地方到底隐藏着什么秘密？"

5. 热点关联式

结合当下热门话题或事件，增加曝光度。

公式：热点话题 + 独特视角

例如："《狂飙》同款穿搭，你值得拥有" "世界杯期间必做的三件事"

6. 情感共鸣式

用能引发情感共鸣的话语触动观众。

公式：情感关键词 + 具体情境

例如："孤独的人，都懂这一幕""奋斗路上的你，一定要看"

7. 夸张惊叹式

用夸张的语言表达来吸引眼球。

公式：夸张形容词 + 内容

例如："超级震撼的美景！""难以置信的魔术表演！"

六　搬运二创有哪些注意事项

● **去重机制**

　　首先我们要了解去重机制。去重就是在一段视频内取出多个图片录入数据库，与别人发布的视频进行匹配，如果重复大于 60% 就会被检测为搬运。

● **解决办法**

　　常见的视频去重方式有镜像、滤镜、修改尺寸、抠像换背景、增加文字、特效转场、变速、抽帧，抽帧是最好用的方式，抽帧就是把一段视频每 1 秒的视频抽取 1~2 帧。

 建议：目前平台对搬运混剪打击力度比较大，很容易被判定违规或者封号，所以，建议尽量实拍原创视频，进行发布。

七　爆款视频拆解

（一）短视频黄金结构模板

① 钩子开头

1. 制造悬念
2. 提出问题
3. 热点引入
4. 夸张开场

② 中段扩展

1. 展开内容
2. 增加故事性
3. 提供价值
4. 互动环节

中段 3 个技巧

信息密度要适中
适当增加互动性
可增加感情投入

③ 黄金结尾

1. 总结要点
2. 呼吁行动
3. 留下悬念
4. 情感升华

HRPS 模型

悬念、共鸣、信任、总结过渡

（二）短视频黄金结构拆解公式

完播率大于 50% 的短视频：钩子开头 + 中段扩张 + 黄金结尾

钩子开头	**开头：吸引注意，增加期待** 开头要吸引客户，提升用户对内容的期待，增加完播率 4 种方式：①制造悬念 ②提出问题 ③热点引入 ④夸张开场
中段扩展	**中段：展示价值，加入爆点** 中部要详细阐述和展示视频核心，提供有价值的信息和知识 4 种方式：①展开内容 ②增加故事性 ③提供价值 ④互动环节 3 个技巧：①信息密度 ②互动性 ③情感投入
黄金结尾	**结尾：巩固理解，促进行动** 巩固观众对视频内容的理解，并通过呼吁行动来促进观众正面评价和分享 4 种方法：①总结要点 ②呼吁行动 ③留下悬念 ④情感升华

短视频开头（钩子）

优秀的视频开头能吸引用户
提升用户对内容的期待，增加完播率

制造悬念 + 提出问题 + 热点引入 + 夸张开场

短视频开头（4种方式）

1. 制造悬念

● 例如："今天我发现了一个神秘的地方，你绝对猜不到在哪里。" 引发观众的好奇心，让他们想要知道这个神秘的地方到底是哪儿。

● 或者："我接下来要做的这件事，可能会改变我的人生。" 让观众迫切想知道是什么事以及会带来怎样的改变。

2. 提出问题

● "你有没有遇到过这种情况，[具体问题描述]？" 引起观众的共鸣，使他们思考自己是否有同样的经历，并期待解决方案。

● 比如："减肥总是失败怎么办？" 针对常见的痛点问题，吸引有相关困扰的观众。

3. 热点引入

● "最近[热门事件、人物、话题]，你知道吗？今天我们来聊聊它和[你的主题]的关系。" 借助热点的关注度，快速吸引观众的注意力。

● 像 "最近《××》电影大火，里面的[某个元素]其实在我们生活中也很常见。"

4. 夸张开场

● "哇塞！这简直太不可思议了！" 用强烈的情感表达和夸张的语气，激发观众的兴趣，让他们想一探究竟是什么让你如此惊讶。

● "我从来没见过这么[夸张的形容]的东西。"

短视频中段

视频中段需要详细阐述和展示视频的核心内容，提供有价值的信息和知识

展开内容 + 增加故事性 + 提供价值 + 互动环节

视频中段（4 种方式）

1. 展开内容

- 对于开头提出的问题进行分析解答，或者对悬念进行逐步揭示。
- 例如，如果开头是提出减肥总是失败的问题，中间可以分析失败的原因，如饮食不规律、缺乏运动等，并给出具体的解决方法。
- 如果是神秘地方的悬念，中间可以展示这个地方的环境、特色等。

2. 增加故事性

- 分享自己的经历、他人的故事或者案例，让内容更具吸引力和说服力。
- 比如讲述自己减肥成功的故事，或者介绍身边人的成功经验。
- 通过故事引发观众的情感共鸣，他们更容易接受和记住你的内容。

3. 提供价值

- 给出实用的建议、技巧、知识等，让观众觉得有所收获。
- 例如，在美妆视频中分享化妆技巧、护肤心得，在美食视频中传授烹饪方法、食材搭配等。

4. 互动环节

- 可以在中间设置一些互动问题，引导观众在评论区留言回答。
- 比如："你觉得这个方法怎么样？""你有没有类似的经历呢？" 增加观众的参与感和互动性。

视频中段（3 个技巧）

信息密度要适中 ✓
确保视频中间部分包含一些高潮或关键时刻，多"爆点"吸引观众。

适当增加互动性 ✓
有提问、投票、小测试或其他互动元素，鼓励观众积极参与。

可增加感情投入 ✓
用故事叙述、情感化的内容、个人经历与观众建立情感联系。

短视频结尾

巩固观众对视频内容的理解，并通过呼吁
行动来促进观众的正面评价和分享

总结要点 + 呼吁行动 + 留下悬念 + 情感升华

视频结尾（4 种方法）

1. 总结要点
- 对视频的主要内容进行总结，强化观众的记忆。
- 例如："今天我们了解了［主题内容总结］，希望对大家有所帮助。"

2. 呼吁行动
- 鼓励观众采取行动，如点赞、关注、分享、评论等。
- "如果你觉得这个视频有用，就点赞分享给更多的人吧！""关注我，带你发现更多精彩内容。"

3. 留下悬念
- 为下一个视频埋下伏笔，吸引观众继续关注。
- "想知道更多关于［主题］的内容吗？关注我，下期视频更精彩。"

4. 情感升华
- 通过情感表达，观众产生共鸣，增强对视频的好感度。
- "希望大家都能［美好的祝愿］，让我们一起努力。" 或者用一些感人的话语结尾，触动观众的心灵。

第三节　短视频实操

一　如何发布高播放量视频

如何在创作灵感里面去跟拍搜索热度，并且利用热点音乐发布视频，提高播放量。

（1）**方法一**：靠搜索热点发布同款视频上热门

第一步
搜索创作灵感

第二步
选择领域立即拍摄

第三步
拍摄后选择音乐

第四步
选择喜欢的音乐

第五步
点击 高级设置

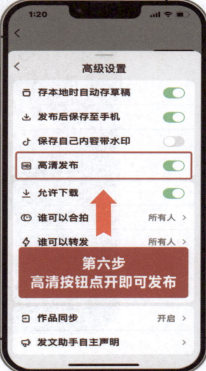

第六步
高清按钮点开即可发布

（2）**方法二：**蹭热门音乐上热门

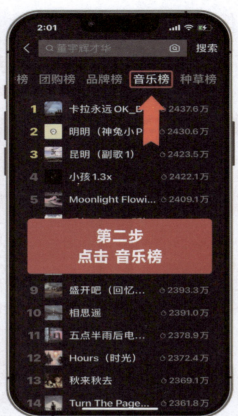

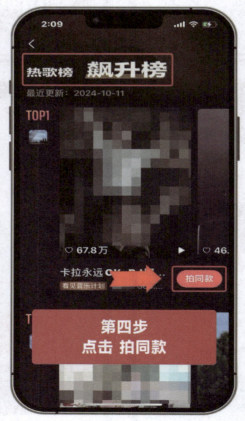

二　短视频数据分析

第一步
点击 右侧三个点

第二步
点击 数据分析

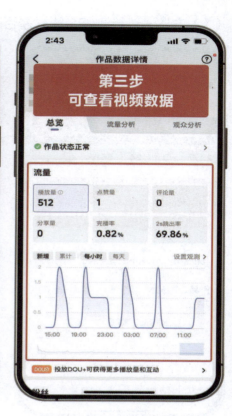

第三步
可查看视频数据

注：30 天以前的作品不支持分析，发布作品后最好第二天进行分析。

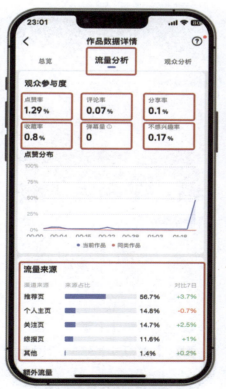

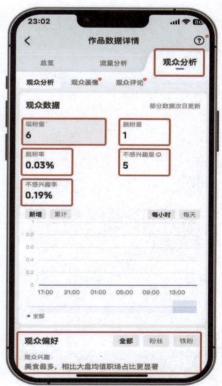

三　如何检测账号或视频是否违规／限流

（1）方法一： 检测整个账号是否存在违规

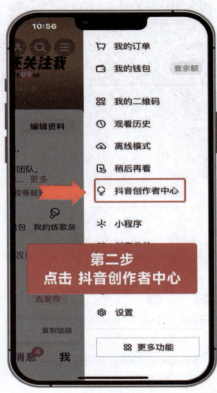

（2）方法二： 检测单个视频是否存在违规

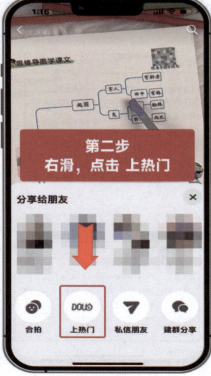

如果一个视频可以正常进行加热、广告投放，则证明作品没有问题。

四　如何隐藏作品

可一次性隐藏或删除多个视频，对账号的稳定性和安全性影响不大。

第一步
点击 想要隐藏的作品

第二步
点击 右边三个点

第三步
右滑，点击 权限设置

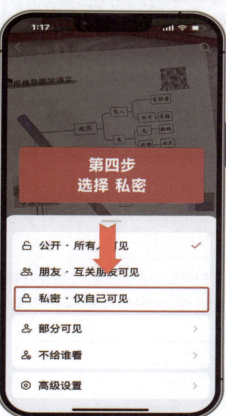

第四步
选择 私密

第四节 剪映——剪辑教程

剪映界面介绍

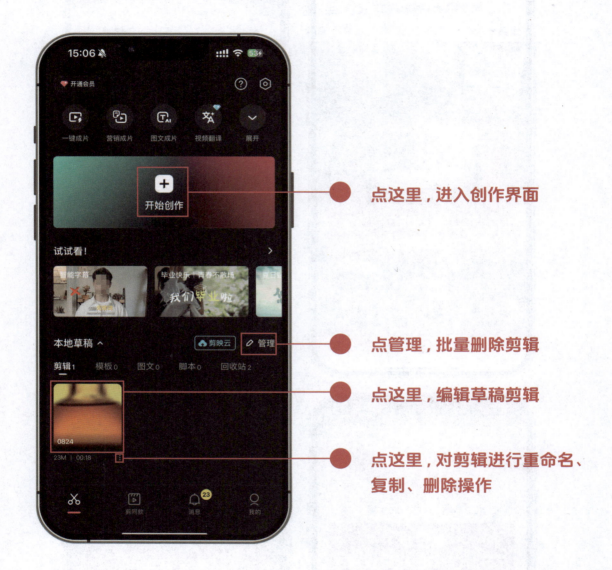

点这里，进入创作界面

点管理，批量删除剪辑

点这里，编辑草稿剪辑

点这里，对剪辑进行重命名、
复制、删除操作

　　平时剪辑完的视频都会保存在剪辑草稿箱里，也可以自己保存到模板草稿里，在剪辑界面就可以对草稿视频进行一些复制、删除、重命名的操作。

二　如何设置比例

比例工具是用来调整画面比例的，和裁剪工具不一样，裁剪工具调整的是视频的比例尺寸，比例工具调整的是画布的比例尺寸。

① 点击比例工具

默认画布比例尺寸，是我们第一次导入的视频的尺寸。用比例工具调整画布比例时，如果视频尺寸不够，四周就会出现画布的黑色背景色。比例工具中的比例是预设好的，不能自己调整比例参数。

② 选择默认的比例模板

三　如何分割视频

　　把一整段完整的视频或音频，分割成若干小段视频或音频。分割后的每一段视频或音频，都称作片段。针对每一片段，可以独立进行操作，其他片段不受影响。

　　分割工具可以用于视频轨道、画中画、音频轨道、贴纸轨道、文字轨道、特效轨道、滤镜轨道的分割。

① 选中视频或视频片段，左右滑动视频轨道到白线处，选择分割的位置。

② 点击分割工具

四　如何删除视频

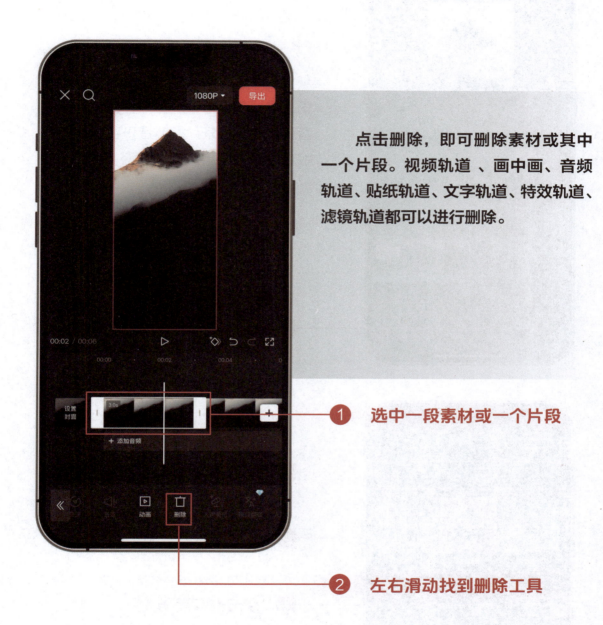

点击删除，即可删除素材或其中一个片段。视频轨道 、画中画、音频轨道、贴纸轨道、文字轨道、特效轨道、滤镜轨道都可以进行删除。

① 选中一段素材或一个片段

② 左右滑动找到删除工具

五 如何添加音乐

音乐工具可以给我们视频添加音乐，会单独生成一条音频轨道。点开音乐工具，我们可以选择推荐音乐、收藏音乐和导入音乐，推荐音乐在剪映当前版本中可以使用搜索框搜索。

● —— 点击这里的音频工具，再点击音乐工具

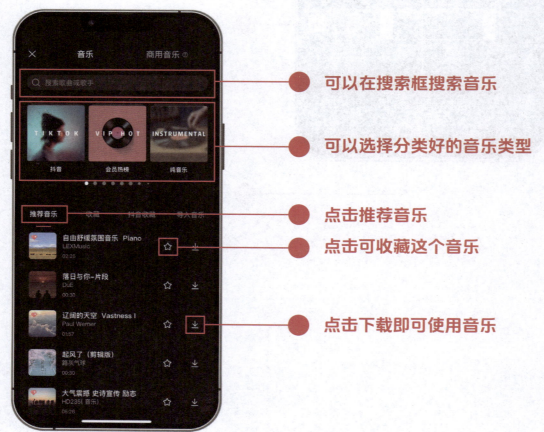

● —— 可以在搜索框搜索音乐

● —— 可以选择分类好的音乐类型

● —— 点击推荐音乐

● —— 点击可收藏这个音乐

● —— 点击下载即可使用音乐

六　如何添加音效

可以给视频添加一些音效，音效工具也会生成一条音频轨道。

点击这里的音频工具，再点击音效工具

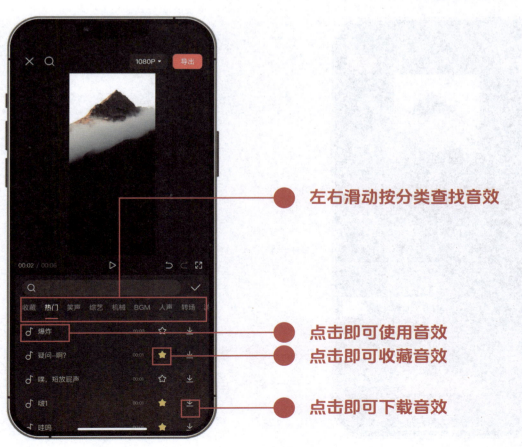

左右滑动按分类查找音效

点击即可使用音效

点击即可收藏音效

点击即可下载音效

七　如何识别歌词

识别歌词工具和识别字幕工具相同，可以识别音频里的歌词，自动生成字幕。如果音频是由歌曲组成，可以用识别歌词工具，识别更准确，速度更快，目前只支持国产歌曲的识别。

① 点击文本工具，再点击这里的识别歌词工具

② 选择是否清空已有的歌词

③ 点击开始匹配

八　如何编辑添加文字

使用文本工具，我们可以添加文本，会生成一条字幕轨道，可以对文字的样式、大小、位置、动画进行设置。

① 点击新建文本，输入文字

② 点击样式

③ 左右滑动选择描边效果

④ 可以对字体的颜色、透明度、描边、标签、阴影、字间距、对齐方式进行设置

九　如何添加画中画

画中画工具用来添加一段视频或图片，点击新增画中画就可以再导入一段视频或图片。画中画轨道可以有多条，且有层级，从上到下，层级依次增加。可以通过层级工具改变画中画轨道的层级，层级高的视频会显示在其他低层级画中画视频轨道的上面。

① 点击画中画工具

② 点击新增画中画

十　如何导出高清视频

① 点击设置尺寸

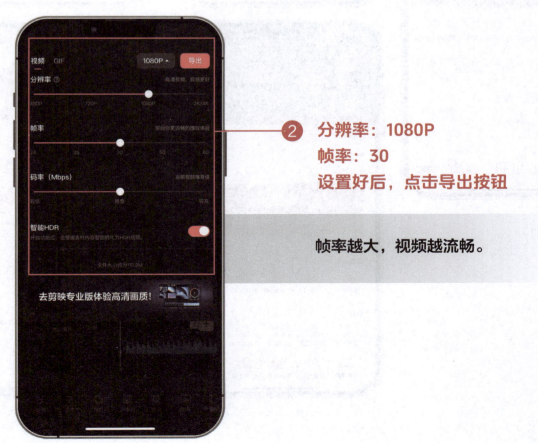

② 分辨率：1080P
帧率：30
设置好后，点击导出按钮

帧率越大，视频越流畅。

第五节 短视频带货

一 如何开通短视频带货权限

开通门槛：

（1）实名认证

（2）年龄不小于 18 周岁

（3）缴纳 500 元保证金

（4）有 500 个有效粉丝

（5）账号近 3 个月无严重违规

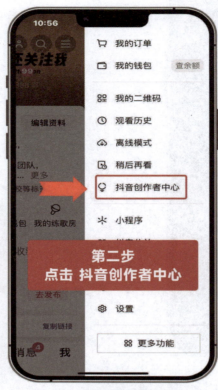

二　如何选择短视频爆品

（一）"选品广场"—— 爆款榜单

第一步
点击 电商带货

第二步
点击 选品广场

第三步
点击 爆款榜进行选品

（二）"创意中心"—— 热度榜单／销量榜单

第一步
点击 电商带货

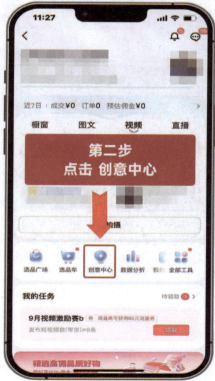

第二步
点击 创意中心

第三步
点击 视频、时间、类目

如何发布短视频挂车视频

抖音平台对每天发布短视频带货挂车的数量限制，会根据账号粉丝数量的不同而有所区别。具体规定如下。

（1）粉丝数低于 1000 的账号：每周限制发布 1 条带购物车视频。

（2）粉丝数在 1000~3000 的账号：每天限制发布 2 条带购物车视频。

（3）粉丝数在 3000~10000 的账号：每天限制发布 5 条带购物车视频。

（4）粉丝数在 10000 及以上的账号：每天限制发布 10 条带购物车视频。

第四步
点击 添加标签

第五步
点击 商品

第六步
点击 添加

第七步
点击 下一步

第八步
输入推广标题，点击 确定

第九步
点击 发作品

第五章
直播运营篇

第一节 推流机制

我们在直播过程中说的每一句话，每个动作都要围绕数据来做，没有
数据的直播就没有推流，所以我们必须提升自己做数据的能力。
以下为整个直播推流全过程。

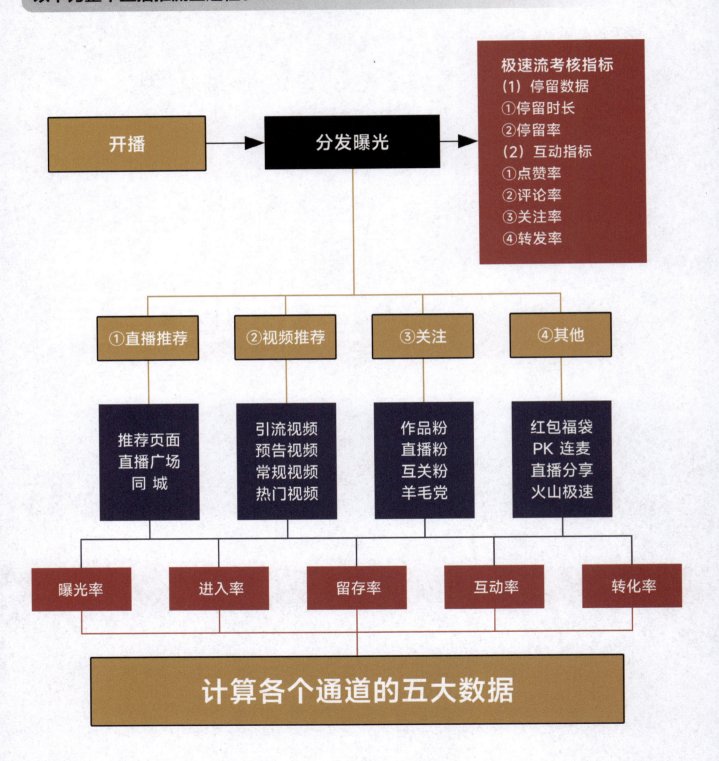

第二节 直播的底层逻辑

想要做好直播，我们一定要了解抖音是如何给我们直播间推人的，了解抖音的底层推流机制才能更好地做好直播，我们先来了解抖音的流量池如何分级。

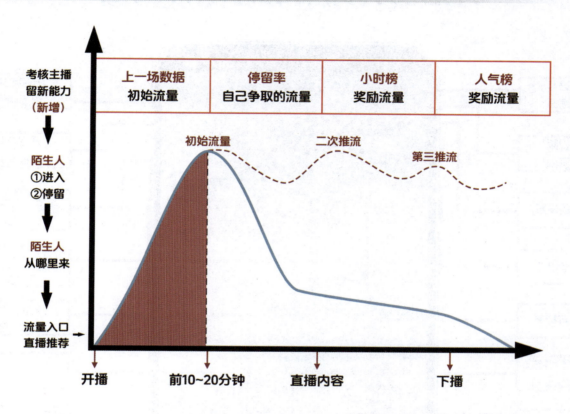

流量池等级

做好直播间各种数据，突破下一个流量池

级别	场观	在线
E 级	200~500 人	1~20 人
D 级	500~5000 人	20~60 人
C 级	5000~30000 人	100~800 人
B 级	3 万 ~20 万人	1000~3000 人
A 级	20 万 ~100 万人	3000~10000 人
S 级	100 万 + 人	10000+ 人

第三节　新手主播基础认知

开播前界面功能详细介绍图

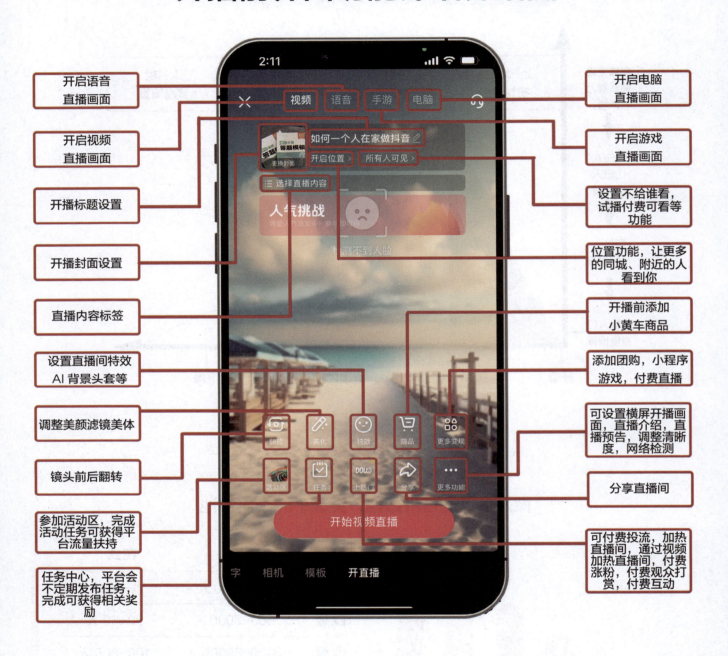

开启语音
直播画面

开启视频
直播画面

开播标题设置

开播封面设置

直播内容标签

设置直播间特效
AI 背景头套等

调整美颜滤镜美体

镜头前后翻转

参加活动区，完成
活动任务可获得平
台流量扶持

任务中心，平台会
不定期发布任务，
完成可获得相关奖
励

开启电脑
直播画面

开启游戏
直播画面

设置不给谁看，
试播付费可看等
功能

位置功能，让更多
的同城、附近的人
看到你

开播前添加
小黄车商品

添加团购，小程序
游戏，付费直播

可设置横屏开播画
面，直播介绍，直
播预告，调整清晰
度，网络检测

分享直播间

可付费投流，加热
直播间，通过视频
加热直播间，付费
涨粉，付费观众打
赏，付费互动

开播中界面功能详细介绍图

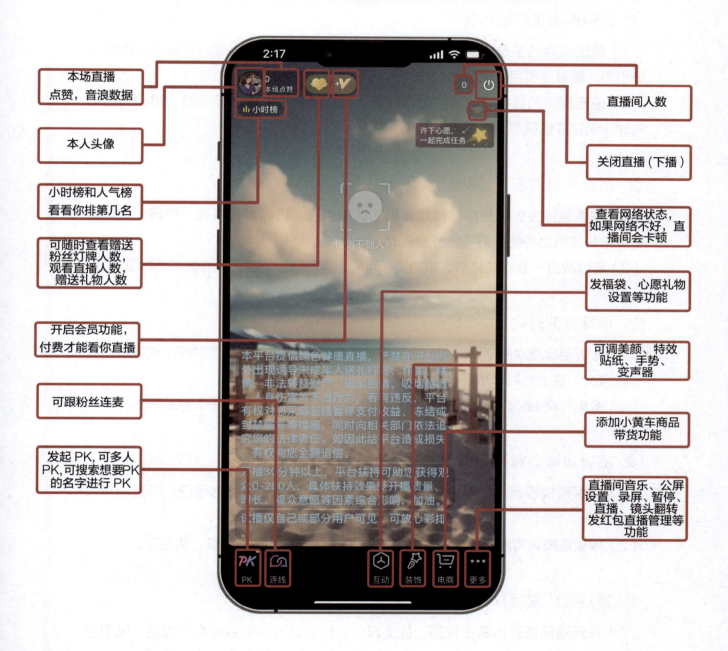

本场直播点赞，音浪数据

本人头像

小时榜和人气榜看看你排第几名

可随时查看赠送粉丝灯牌人数，观看直播人数，赠送礼物人数

开启会员功能，付费才能看你直播

可跟粉丝连麦

发起 PK,可多人 PK,可搜索想要PK的名字进行 PK

直播间人数

关闭直播（下播）

查看网络状态，如果网络不好，直播间会卡顿

发福袋、心愿礼物设置等功能

可调美颜、特效贴纸、手势、变声器

添加小黄车商品带货功能

直播间音乐、公屏设置、录屏、暂停、直播、镜头翻转发红包直播管理等功能

一 如何布局一场完整的直播

（一）直播前准备

① 明确直播主题和目标

（1）确定直播的主题，例如美妆教程、美食分享、产品推荐等。主题要明确且有吸引力，能够吸引目标受众的关注。

（2）设定直播的目标，如增加粉丝数量、提高销售额、推广品牌等。明确的目标有助于制定直播策略和评估直播效果。

② 策划直播内容

（1）根据直播主题和目标，策划详细的直播内容。内容要有条理、逻辑，能够吸引观众的注意力并使他们持续产生兴趣。

（2）可以准备一些互动环节，如抽奖、问答、游戏等，增加观众的参与度和互动性。

③ 选择直播时间

（1）分析目标受众的活跃时间，选择在他们最有可能观看直播的时间段进行直播。一般来说，晚上和周末是观众比较活跃的时间。

（2）避免与其他热门直播或重大事件冲突，以提高直播的曝光率和收视率。

④ 准备直播设备和道具

（1）确保直播设备（如手机、摄像头、麦克风、灯光等）正常运行，画面和声音质量清晰。

（2）根据直播内容准备相应的道具，如产品展示道具、演示工具、奖品等。

⑤ 宣传推广直播

（1）在直播前通过抖音短视频、社交媒体、粉丝群等渠道宣传推广直播，吸引更多观众的关注。

（2）可以制作一些预告视频或海报，提前透露直播的亮点和福利，激发观众的好奇心和期待感。

（二）直播中执行

① 开场互动

（1）直播开始时，热情地向观众打招呼，介绍自己和直播的主题。

（2）可以进行一些简单的互动，如提问、抽奖等，快速吸引观众的注意力，营造良好的直播氛围。

② 展示内容

（1）按照策划好的直播内容，有条不紊地进行展示。注意语言表达清晰、生动，画面展示清晰、美观。

（2）可以结合实际操作、演示、案例分析等方式，让观众更好地理解和接受直播内容。

③ 互动环节

（1）定期进行互动环节，如回答观众的问题、进行抽奖、玩游戏等。互动环节可以增加观众的参与度和黏性，提高直播的效果。

（2）关注观众的留言和评论，及时回复他们的问题和建议，与观众建立良好的互动关系。

④ 引导关注和分享

（1）在直播过程中，适时引导观众关注自己的抖音账号，以便他们能够及时收到下一次直播的通知。

（2）鼓励观众分享直播，扩大直播的影响力和传播范围。可以设置一些分享奖励，如抽奖、优惠券等。

⑤ 结尾总结

（1）直播接近尾声时，对直播内容进行总结，强调重点和亮点。

（2）感谢观众的观看和支持，预告下一次直播的时间和主题。

（3）可以进行最后一次抽奖或互动，为直播画上圆满的句号。

（三）直播后复盘

① 数据分析

（1）查看直播数据，如观看人数、点赞数、评论数、分享数、销售额等。分析数据，了解直播的效果和观众的反馈。

（2）根据数据分析结果，总结直播的优点和不足之处，为下一次直播提供参考。

② 观众反馈

（1）阅读观众的留言和评论，了解他们对直播的评价和建议。对于观众提出的问题和建议，要及时回复和改进。

（2）可以通过问卷调查等方式，收集观众的反馈意见，进一步了解他们的需求和期望。

③ 改进优化

（1）根据数据分析和观众反馈，总结经验教训，制定、改进、优化方案。针对直播中存在的问题，提出具体的改进措施，不断提高直播的质量和效果。

（2）为下一次直播做好准备，提前策划好直播内容和互动环节，准备好直播设备和道具，加大宣传推广力度，提高直播的收视率和影响力。

抖音平台对直播间的推流是有一定节奏的，因此，直播内容的安排要根据直播间推流节奏来设计。

二 如何拉流量、接流量、稳流量、做数据

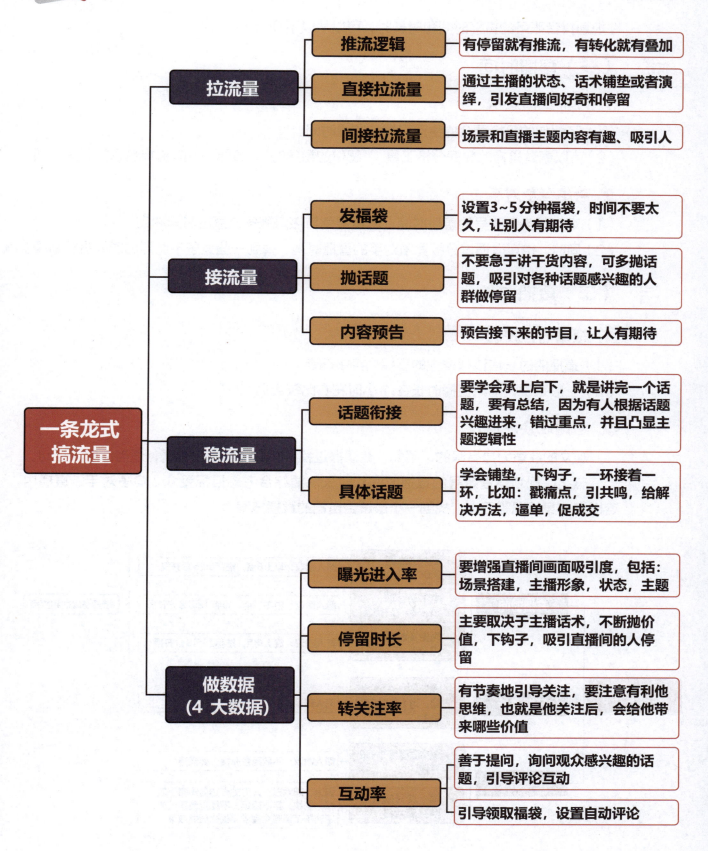

一条龙式搞流量

拉流量
- 推流逻辑 —— 有停留就有推流，有转化就有叠加
- 直接拉流量 —— 通过主播的状态、话术铺垫或者演绎，引发直播间好奇和停留
- 间接拉流量 —— 场景和直播主题内容有趣、吸引人

接流量
- 发福袋 —— 设置3~5分钟福袋，时间不要太久，让别人有期待
- 抛话题 —— 不要急于讲干货内容，可多抛话题，吸引对各种话题感兴趣的人群做停留
- 内容预告 —— 预告接下来的节目，让人有期待

稳流量
- 话题衔接 —— 要学会承上启下，就是讲完一个话题，要有总结，因为有人根据话题兴趣进来，错过重点，并且凸显主题逻辑性
- 具体话题 —— 学会铺垫，下钩子，一环接着一环，比如：戳痛点，引共鸣，给解决方法，逼单，促成交

做数据（4 大数据）
- 曝光进入率 —— 要增强直播间画面吸引度，包括：场景搭建，主播形象，状态，主题
- 停留时长 —— 主要取决于主播话术，不断抛价值，下钩子，吸引直播间的人停留
- 转关注率 —— 有节奏地引导关注，要注意有利他思维，也就是他关注后，会给他带来哪些价值
- 互动率 ——
  - 善于提问，询问观众感兴趣的话题，引导评论互动
  - 引导领取福袋，设置自动评论

三　如何规划直播时间和时长

在规划抖音账号的直播时间和时长时，可以从以下几个方面考虑。

（一）直播时间

① 分析目标受众

（1）了解你的目标受众的生活习惯和在线时间。

（2）可以通过抖音的数据分析工具，了解你的粉丝的活跃时间分布，选择合适的时间直播。

② 考虑竞争对手

（1）观察同类型账号的直播时间，尽量避免与热门账号的直播时间冲突。

（2）同时，也可以通过分析竞争对手的直播时间，找到一些竞争不激烈的时间进行直播。

（二）直播时长

① 根据内容规划

（1）直播的时长应该根据你的直播内容来确定。

（2）一般来说，前期直播时长在 1 小时左右比较合适。

② 考虑观众注意力

观众的注意力是有限的，因此，在直播过程中，要注意控制节奏，适当休息和互动。

总之，规划抖音账号的直播时间和时长需要综合考虑目标受众、竞争对手、直播内容以及自身情况等因素，找到一个最适合自己的直播方案。

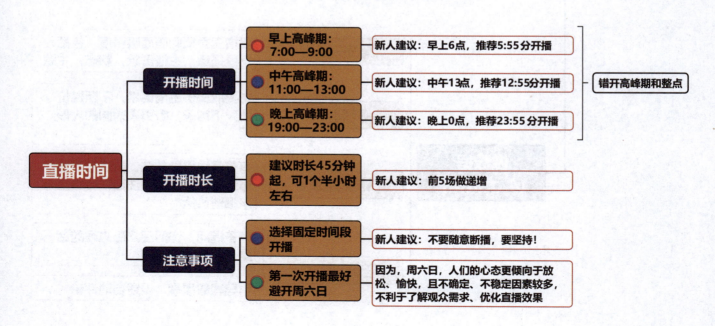

四　留人 3 个时机和 10 大方法

（一）留人 3 个时机

① 黄金 3 秒

刷到你的直播间，第一吸引别人的有哪些方面：直播场景、主播的状态。直播主题、直播售卖商品等。

② 开播前 20 分钟

刚开播前 20 分钟，会有一波平台推送的极速流。接得好，后面会增加推流；接得不好，后面就减少推流。所以，你要把你直播间主播最好的状态呈现出来，把最吸引人的主题及话术说出去，要有一些话术或者把引导牌放上，把人留下来。开场决定整场直播成功率的 50%。

③ 每当直播过程中人数攀升的时候

说明你的内容或者商品大家感兴趣，你要延伸下去不断地强调后面还有的内容或福利，让别人不走，就会有自然流量推荐。

（二）留人 10 大方法

① 画面留人法

别人刷到直播间最新看到的就是整个直播画面，包括直播场、主播形象、直播主题等，吸引人的话，可以大大提高曝光进入率和停留时长。

② 主播状态留人法

主播的状态可以感染观众，所以一定要积极，阳光正能量，让人感觉到舒服。

③ 主播话术留人法

主播的话术技巧可以吸引观众的注意力、好奇心、兴趣点，进而使他们在直播间进行停留。

④ 见证法留人法

可以结果前置，让大家对结果有期待和好奇心，稍后会揭晓结果，让大家见证这个结果，也可以留住人。

⑤ 晒成功留人法

多数人都有看热闹和别人做什么事情成败结果的好奇心，以及慕强心理。

⑥ 同情心留人法

可以展示自己一些不如意和脆弱的一面，激发别人的同情心和情感共鸣。

⑦ 套近乎留人法

可以称呼直播间的人为"宝宝、哥哥、姐姐"或者抖音名字叠字，让人感到亲切，拉近距离。

⑧ 利他留人法

站在观众的角度，给他们一些福利或者心灵抚慰。

⑨ 知识输出留人法

分享干货知识，让人感觉在直播间能学到东西。

⑩ 商业价值留人法

能够给别人带去赚钱项目或者是商业认知。

五　如何接开播极速流

什么是极速流？ 极速流是直播间在开播后短时间内获得的一波极速泛流量，它是由平台根据账号的历史数据、权重以及当前的直播表现等因素预先分配的曝光量，平台通过不同观众进入直播间，对直播内容的反映的评估，最终计算出在主播承接能力范围内，并且对此直播间感兴趣的人群标签，进而分配对应的人群流量。总而言之，就是对直播间的一个流量考核手段。

（一）稳定心态

保持冷静，不要因为突然涌入的大量观众而慌乱。相信自己的能力和准备，以积极的心态面对。

（二）快速欢迎

① 热情问候

（1）"欢迎新进来的朋友们，大家好！非常高兴你们能来到我的直播间。"

（2）"哇，一下子来了这么多小伙伴，欢迎欢迎。"

② 表达感谢

（1）"感谢大家的支持，你们的到来让我的直播间更加热闹了。"

（2）"真心感谢每一位新进来的朋友，你们是最棒的！"

（三）简洁介绍

① 介绍自己

（1）"我是［你的名字、昵称］，专注于［直播内容领域］，希望能给大家带来有价值的内容。"

（2）"大家好，我是［你的身份、职业］，喜欢在直播间和大家分享［相关话题］。"

② 介绍直播主题

（1）"今天我们直播的主题是［具体主题］，会有很多精彩内容等着大家哦。"

（2）"正在进行的直播围绕［主题］展开，欢迎大家一起参与讨论。"

（四）引导关注

1 强调关注的好处

（1）"如果大家喜欢我的直播，记得点击关注按钮，这样就不会错过我的每一次精彩直播了。"

（2）"关注我，不仅能看到更多有趣的内容，还能参与各种福利活动。"

2 给出关注的理由

（1）"我会经常分享［具体有价值的内容］，关注我，让你收获满满。"

（2）"我的直播间充满惊喜，关注我，一起探索更多精彩。"

（五）互动引导

1 提问互动

（1）"新进来的朋友们，可以在弹幕里打个招呼，说说你们是从哪里来的呀。"

（2）"大家对今天的直播主题有什么想法呢？欢迎在弹幕中留言分享。"

2 抽奖互动

（1）"为了感谢大家的支持，我们会不定期进行抽奖活动。现在大家赶紧参与互动，就有机会获得奖品哦。"

（2）"等会儿会有惊喜抽奖，只要关注并参与互动的朋友都有机会，大家不要错过。"

（六）保持节奏

1 不要被极速流打乱节奏

按照自己既定的直播计划进行，确保直播内容的质量和连贯性。

2 适当调整节奏

如果观众反响热烈，可以加快一些节奏，增加互动环节或者分享更多有价值的内容。

六 新人首播破百的 3 个流程

（一）播前如何正确设置账号

三关一开	（1）同城 →关闭（实体店除外） （2）认识的人→关闭 （3）私密账号→关闭 （4）高光时刻→打开（直播间礼物最多、评论最多、在线人数最多）

（二）播前如何找精准流量

五会	（1）会检测账号 （2）会建粉丝群 （3）会打标题、设标签 （4）会做直播预告 （5）会转发直播间（提前 5 分钟）

（三）播中如何设置 + 留人

3、2、1 开播	（1）开播三件事（点赞、评论、自己送礼物） （2）如何识人、留人（话术和道具留人） （3）团名、灯牌、免费人气票 （4）红包、福袋留人 （5）PK、连麦、背景、音乐

七　新人首播有哪些注意事项

（一）适当控制首播在线人数

首播直播间的人数不要做得太高，在线人数最好不要超过 200 人，因为，能否把直播间做起来的主要依据是每场直播数据是不是越来越好，如果起点太高，后面的第二场、第三场数据就不好突破，形成一个高开低走的状态，这样，直播就不好做起来。

（二）合理控制时长，不要一味拉时长

首播的时间最好控制在 40 分钟到 2 小时之间，尽量不要超过 3 小时，首播拉时长容易把账号拉废掉，导致直播间不推流，因为，新手开播，数据一般不太好，这种情况下，时间拉得越长，越危险。总之，前期正确的开播方法是时间不要太长，并且每次直播后，一定要自己复盘，然后可以隔几小时，或者隔天继续开播，保持一段时间，直播间就很容易做起来。

（三）适当时间下播，不要太随性

首播不要把所有的东西都讲完，要给大家留下悬念，明天继续来直播间听，同时，不要等直播彻底没人了再下播，这样不利于下场开播推流，而是要刚过直播高峰期，人数掉到一半或者三分之一，就要准备下播了。

（四）调整直播状态和心态

首播不要只讲干货，也就是不要用说教的方式开直播，也不要过于紧张，要以分享者的身份，就像和朋友、和姐妹之间，聊聊心里话，唠唠家常，拉近和观众的距离，这样才会更容易把人留在直播间，慢慢地有喜欢自己的粉丝，形成黏性，把直播间人气做起来。

八 如何提现直播间收到的音浪礼物

（一）音浪（钻石）提现步骤

第一步
点击 右上角三条横线

第二步
点击 我的钱包

第三步
点击 三角箭头

第四步
点击 我的收入

第五步
点击 查看详情

第六步
点击 去提现

（二）音浪（钻石）消费等级说明

10 音浪对应的是 1 元人民币，当消费者进行音浪打赏时，平台和主播是五五分成。总之，根据账号蓝牌等级可以大概了解一个用户的平台消费实力。

音浪蓝牌消费等级表

等级	音浪	等级	音浪	等级	音浪	等级	音浪
1	1	16	1300	31	7W	46	480W
2	7	17	1700	32	10W	47	610W
3	16	18	2200	33	13W	48	789W
4	29	19	2900	34	17W	49	1000W
5	45	20	3800	35	23W	50	1300W
6	66	21	5200	36	30W	51	1700W
7	90	22	6600	37	39W	52	2300W
8	132	23	8700	38	51W	53	3100W
9	175	24	1.1W	39	68W	54	4090W
10	243	25	1.5W	40	89W	55	5100W
11	320	26	2.1W	41	110W	56	6800W
12	421	27	2.6W	42	150W	57	9800W
13	573	28	3.4W	43	200W	58	1.25Y
14	732	29	4.4W	44	260W	59	1.6Y
15	971	30	6W	45	340W	60	2Y

九　直播需要具备的能力及如何锻炼

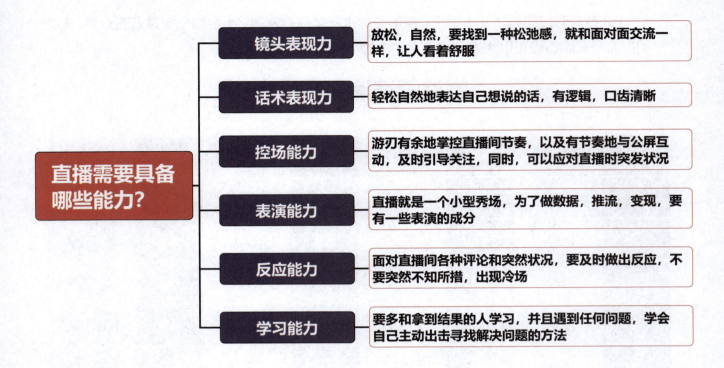

直播需要具备哪些能力？

- 镜头表现力 —— 放松，自然，要找到一种松弛感，就和面对面交流一样，让人看着舒服
- 话术表现力 —— 轻松自然地表达自己想说的话，有逻辑，口齿清晰
- 控场能力 —— 游刃有余地掌控直播间节奏，以及有节奏地与公屏互动，及时引导关注，同时，可以应对直播时突发状况
- 表演能力 —— 直播就是一个小型秀场，为了做数据，推流，变现，要有一些表演的成分
- 反应能力 —— 面对直播间各种评论和突然状况，要及时做出反应，不要突然不知所措，出现冷场
- 学习能力 —— 要多和拿到结果的人学习，并且遇到任何问题，学会自己主动出击寻找解决问题的方法

直播的表现力和话术都是通过一次次的练习，才能做到游刃有余，所以，无论是直播前、直播中，还是直播后，都需要刻意练习，不断提升。

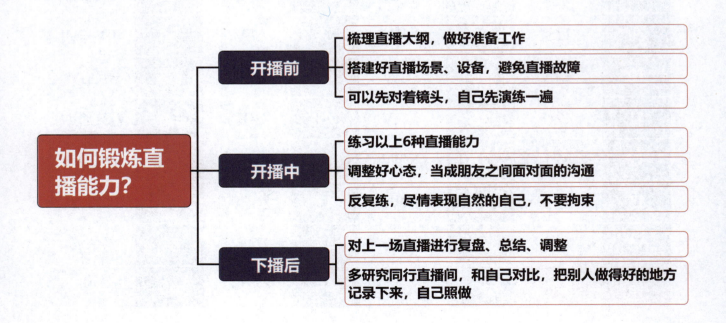

如何锻炼直播能力？

- 开播前
  - 梳理直播大纲，做好准备工作
  - 搭建好直播场景、设备，避免直播故障
  - 可以先对着镜头，自己先演练一遍
- 开播中
  - 练习以上6种直播能力
  - 调整好心态，当成朋友之间面对面的沟通
  - 反复练，尽情表现自然的自己，不要拘束
- 下播后
  - 对上一场直播进行复盘、总结、调整
  - 多研究同行直播间，和自己对比，把别人做得好的地方记录下来，自己照做

十　解析直播"专业名词"

专业名词		
戳痛点	指受众人群目前面临的困境和苦恼，比如：恐播人群的痛点就是不敢开直播，怕自己做不好，被人笑话
抛话题	指提出一个话题，激发观众的兴趣和互动，一般是疑问式的或者是有争议或者能引起共鸣的论点
引共鸣	指让观众能感同身受、有认同、能理解的情感共鸣
抛价值	指能给观众带去什么好处，让其有收获，比如说学到什么知识
下钩子	指抛出话题，让观众感兴趣，能上钩，进而达到自己的目的
晒结果	指展示自己的成功数据，拿到的成绩，增加自己的说服力，因为，大家都更愿意听有结果的人的话
给期望	指让观众有盼头、有希望，比如：跟着自己学习预期会做到什么的结果，或者几分钟后给福利
憋单	指通过各种方式，故意延长正常商品购买时间，比如：不放库存或者不上链接

第四节 直播前的常见操作

一 如何设置直播封面

① 直播封面的重要性

　　一个好的直播间封面可以吸引观众停留，并且进入直播间，提高曝光进入率。

② 好的直播封面的特点

（1）**突出直播主题**：通过封面可以直观地传达直播的主题和内容方向，有助于吸引更多精准感兴趣的人进入直播间。

（2）**画面清晰，构图精美**：有助于在众多直播中迅速抓住观众的视线。

（3）**统一风格**：与直播的整体风格保持一致，不会造成进入直播间后，有心理落差。

二　如何设置直播间介绍

设置直播介绍具有以下重要性。

1. 吸引观众进入直播间

（1）激发兴趣： 用简洁而有吸引力的语言描述直播的内容和亮点，激发观众的好奇心和兴趣。例如，美妆直播，可以是"明星同款妆容教程"关键词。

（2）明确主题： 直播介绍可以让观众在进入直播间之前就清楚地了解直播的主题，避免观众因为不了解直播内容而错过。

2. 建立观众期待

（1）预告精彩内容： 可以提前预告直播中的精彩内容和环节，让观众对直播充满期待。比如，"限时抽奖活动等你来参与"等描述。

（2）设定目标和价值： 明确直播的目标和能为观众带来的价值，让观众知道他们可以获得什么。例如，"如何让你的照片瞬间变大片"。

　　总之，直播介绍的最终目的就是吸引精准人群进入直播间，进而促成转化。

三　如何设置直播预告

设置直播预告具有以下重要性。

（1）**提前曝光：**直播预告可以在直播开始前就将直播信息传播出去，让更多的人有机会了解到你的直播内容，提高他们对你直播的期待值。

（2）**精准定位：**在预告中明确直播的主题、内容和目标受众，可以提高观众的精准度，增加直播的互动性和参与度。

（3）**开播拉流：**在直播预告中，可以适当透露一些直播的亮点和精彩内容，如特别嘉宾、惊喜环节、限时优惠等，为开播拉一波流量，有助于直播间快速启动。

（4）**收集反馈：**直播预告发布后，观众可能会在评论区提出问题或建议。你可以根据这些反馈来调整直播内容和准备工作，使直播更加符合观众的需求。

四　如何设置直播贴纸

设置好贴纸的常见作用。

1. 引导互动

（1）**引导关注：** 如 "关注主播" 的贴纸，提醒观众点击关注按钮。

（2）**引导评论：** 用 "欢迎互动评论" 的贴纸鼓励观众在评论区发言。

2. 传递信息

（1）**活动通知：** 可以通过贴纸进行宣传抽奖、限时优惠。例如，"限时抽奖，快来参与"，提高观众活动的参与度。

（2）**商品信息：** 可以展示商品的特点、价格、优惠等信息，方便他们做出购买决策。

3. 营造氛围

（1）**装饰直播画面：** 各种有趣的贴纸可以为直播画面增添色彩和活力。

（2）**节日氛围：** 在特定的节日或纪念日，可以使用相应的贴纸，营造节日氛围。

（3）**主题氛围：** 根据直播的主题设置贴纸，让观众更好地融入直播氛围中。

五　如何设置直播美颜

第一步
点击 装饰

第二步
点击 美化

第三步
调节美颜参数

六　如何调整直播间清晰度

第一步
点击 更多功能

第二步
点击 清晰度

第三步
选择 蓝光

七 如何设置直播连麦

第一步
点击 连线

第二步
点击 聊天室

第三步
选择 设置

第四步
点击 浮窗布局

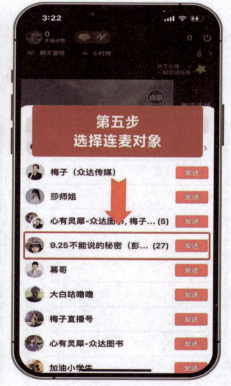

第五步
选择连麦对象

八　如何设置关闭直播间观众查看

九　如何设置直播回放 / 高光时刻

有些版本只展示了高光时刻，没有展示直播回放，说明直播回放是自动录制的。

七 如何设置直播连麦

第一步
点击 连线

第二步
点击 聊天室

第三步
选择 设置

第四步
点击 浮窗布局

第五步
选择连麦对象

八 如何设置关闭直播间观众查看

九 如何设置直播回放 / 高光时刻

有些版本只展示了高光时刻，没有展示直播回放，说明直播回放是自动录制的。

十　如何查看直播回放 / 高光时刻

（1）通过账号后台主播中心查看

第一步
点击 右上角三条横线

第二步
点击 抖音创作者中心

第三步
点击 主播中心

第四步
点击 直播回放

（2）通过官方抖音灵机查看

十一 如何设置屏蔽词

第一步
点击 主播中心

第二步
点击 直播设置

第三步
点击 屏蔽词管理

第四步
添加屏蔽词

　　一般用于屏蔽一些不文明用词，并且，一般账号可以添加10个屏蔽词，每个屏蔽词最多10个字，但是直播间的观众数量也会影响屏蔽词的设置数量。如果直播间的观众较多，互动频繁，那么出现不良词汇的可能性也会相应增加。为了更好地管理直播内容，主播可能需要设置更多的屏蔽词来过滤不良信息。而对于观众较少的直播间，屏蔽词的数量需求可能相对较少。

十二 如何提前创建并管理粉丝群

（一）创建

管理好粉丝群的重要性。

1. 增强粉丝黏性

（1）**增加互动**：在粉丝群中，主播可以与粉丝进行更频繁的互动，让粉丝感受到被重视和关注，进而增强粉丝黏性。

（2）**专属福利**：为粉丝群成员提供专属的福利，如提前观看直播内容、抽奖活动、粉丝见面会等。

2. 商业价值提升

（1）**带货效果**：对于带货主播来说，主播可以在群里推荐商品、分享使用心得，可以让粉丝更加信任主播的推荐，提高购买转化率。

（2）**私域引流**：对于很多知识付费或者高客单带货主播来说，在抖音平台不好直接成交转化，可以先通过粉丝群，引流到微信私域，进而促成转化。

（二）管理

第一步
点击 右上角三个点

第二步
点击 群管理

第三步
点击 进群门槛

第四步
设置群门槛

十三 如何隐藏直播动态

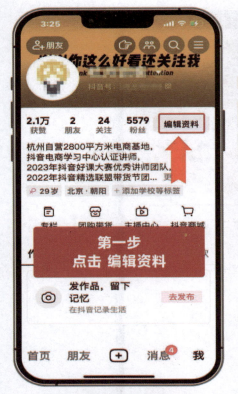

第一步
点击 编辑资料

第二步
点击 编辑服务

第三步
点击 "—"

第四步
点击 删除

直播动态包括以下几个方面。

（1）**直播预告**：主播可以在这里发布未来直播的时间、主题等信息，让粉丝提前知晓并做好观看准备。

（2）**历史直播回顾**：展示主播过去的直播记录，包括直播的时间、主题、精彩片段等。粉丝可以通过回顾历史直播，了解主播的直播风格和内容。

（3）**直播公告**：主播可以发布一些重要的通知，如直播规则的调整、活动的说明等。

第五节　直播中的常见操作

一　如何试播 / 首次开播

第一步
点击 +号

第二步
点击 所有人可见

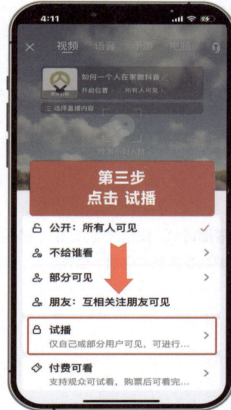

第三步
点击 试播

第四步
选择可观看用户后，
点击完成

新手做抖音，建议开始要先试播，主要有以下几个重要原因。

1. 熟悉平台规则和操作流程

（1）**了解直播规范：** 试播让你有机会熟悉抖音的直播规范。

（2）**掌握直播功能：** 抖音直播有很多功能，如礼物特效、互动工具、连麦等。通过试播，你可以逐一尝试这些功能，了解它们的作用和操作方法。

2. 调试直播设备和环境

（1）**确保设备正常运行：** 试播可以检测你的摄像头、麦克风、声卡等设备是否正常工作。如果出现画面模糊、声音不清晰等问题，可以及时调整或更换设备，保证正式直播的质量。

（2）**优化直播环境：** 检查直播场地的光线、背景、噪声等因素。良好的光线可以让直播画面更加清晰美观。

3. 提升直播技能和信心

（1）**练习直播话术：** 在试播中，你可以尝试不同的直播话术，找到最适合自己的表达方式。

（2）**增强自信心：** 对于新手来说，面对镜头可能会感到紧张和不自信。通过试播，你可以逐渐克服这种紧张情绪，增强自信心。

二　如何正确对外公开直播

（1）通过抖音主页下方的"+"号开播

（2）通过主播中心开播

三　如何发放直播间福袋

（1）直播间发放的福袋主要有两种形式：钻石福袋和实物福袋。

（2）发福袋的作用主要有：吸引观众停留、提升互动性、促进新用户关注、增加商品曝光。

四　如何不让熟人看直播

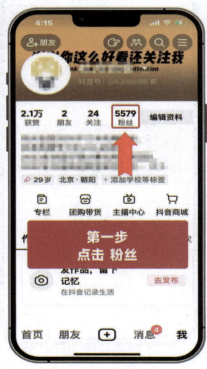

五　如何发放直播间红包

第一步
点击 更多

第二步
下滑找到礼物

直播间发放的红包主要有两种形式。

钻石红包和礼物红包。发红包的作用主要和福袋基本差不多，主要是提高观众的互动性和直播间停留。

第三步
选择 红包

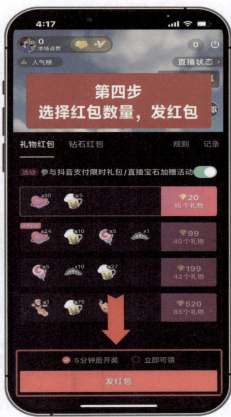

第四步
选择红包数量，发红包

六　如何置顶直播间评论

七　如何拉黑直播间小黑粉

八　如何在直播间设置管理员

第一步
点击 用户

第二步
点击 管理

第三步
点击 设为管理员

第四步
已设为管理员

管理好粉丝群的重要性。

1. 增强粉丝黏性

（1）**增加互动：** 在粉丝群中，主播可以与粉丝进行更频繁的互动，让粉丝感受到被重视和关注，进而增强粉丝黏性。

（2）**专属福利：** 为粉丝群成员提供专属的福利，如提前观看直播内容、抽奖活动、粉丝见面会等。

2. 商业价值提升

（1）**带货效果：** 对于带货主播来说，主播可以在群里推荐商品、分享使用心得，可以让粉丝更加信任主播的推荐，提高购买转化率。

（2）**私域引流：** 对于很多知识付费或者高客单带货主播来说，在抖音平台不好直接成交转化，可以先通过粉丝群，引流到微信私域，进而促成转化。

九　如何设置直播背景氛围

第一步
点击 装饰

第二步
点击 特效

第三步
点击 更新，选择背景

十　如何正确下播

第一步
点击 右上角

第二步
点击 结束直播

观众正在赶来的路上，确认结束直播？

取消　　结束直播

十一 如何设置直播间音乐

第六节 直播带货

一 直播带货流程概述

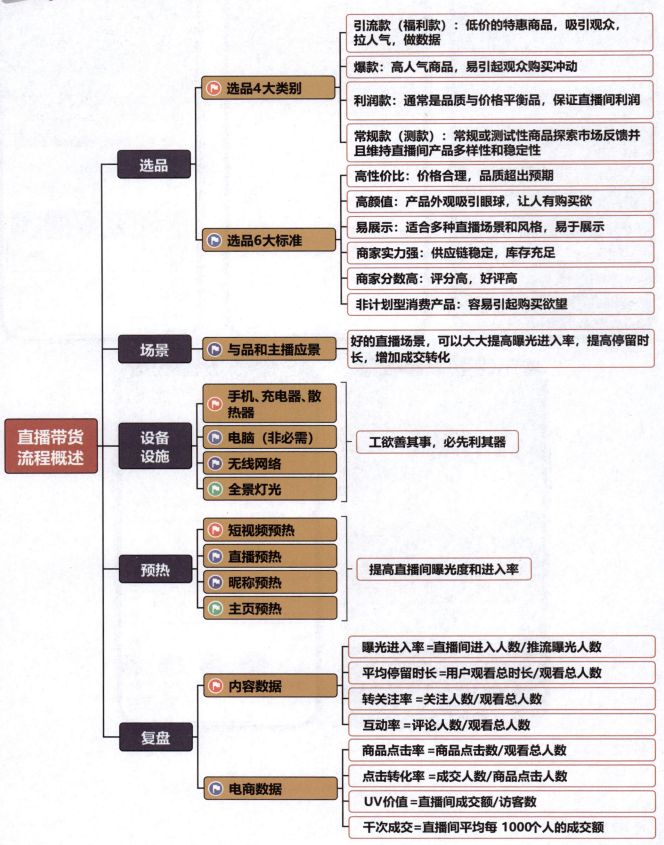

直播带货流程概述

选品

- **选品4大类别**
  - 引流款（福利款）：低价的特惠商品，吸引观众，拉人气，做数据
  - 爆款：高人气商品，易引起观众购买冲动
  - 利润款：通常是品质与价格平衡品，保证直播间利润
  - 常规款（测款）：常规或测试性商品探索市场反馈并且维持直播间产品多样性和稳定性

- **选品6大标准**
  - 高性价比：价格合理，品质超出预期
  - 高颜值：产品外观吸引眼球，让人有购买欲
  - 易展示：适合多种直播场景和风格，易于展示
  - 商家实力强：供应链稳定，库存充足
  - 商家分数高：评分高，好评高
  - 非计划型消费产品：容易引起购买欲望

场景

- **与品和主播应景**：好的直播场景，可以大大提高曝光进入率，提高停留时长，增加成交转化

设备设施

- 手机、充电器、散热器
- 电脑（非必需）
- 无线网络
- 全景灯光

工欲善其事，必先利其器

预热

- 短视频预热
- 直播预热
- 昵称预热
- 主页预热

提高直播间曝光度和进入率

复盘

- **内容数据**
  - 曝光进入率 = 直播间进入人数/推流曝光人数
  - 平均停留时长 = 用户观看总时长/观看总人数
  - 转关注率 = 关注人数/观看总人数
  - 互动率 = 评论人数/观看总人数

- **电商数据**
  - 商品点击率 = 商品点击数/观看总人数
  - 点击转化率 = 成交人数/商品点击人数
  - UV价值 = 直播间成交额/访客数
  - 千次成交 = 直播间平均每 1000 个人的成交额

二 如何开通直播带货权限

第一步
点击 右上角三条横线

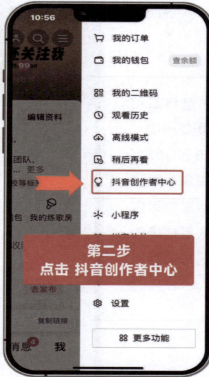

第二步
点击 抖音创作者中心

第三步
点击 全部

第四步
点击 电商带货

第五步
点击 立即加入抖音电商

三　如何选择直播爆品

在创意中心的热度榜单和销量榜单，每 1 小时更新一次，可以选择近 1 小时、近 24 小时、近 1 周、近 1 个月榜单，除了创意中心的直播爆款榜单可以参考，还可以通过选品广场的爆款榜单、其他第三方平台的选品渠道进行选品。

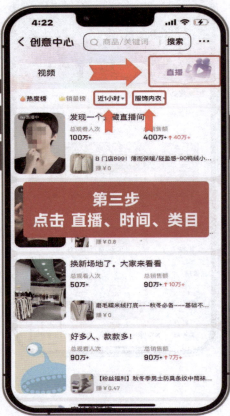

四 如何上架直播间商品链接

（一）直播前上架商品链接

（二）直播中上架商品链接

五　如何设置置顶商品

（一）直播前置顶商品

（二）直播中置顶商品

第一步
点击 电商

第二步
点击 去添加直播商品

第三步
勾选商品，点击 添加

第三步
点击 三个点，可置顶商品

第五步
点击 置顶商品

六　如何设置直播间产品卖点

第一步
点击 商品

第二步
点击 添加商品

第三步
勾选商品，点击 添加

第四步
点击 三个点

第五步
点击 设置卖点

七　如何设置直播间提词

八　如何设置直播间主推品

第一步
点击 商品

第二步
点击 添加商品

第三步
勾选商品，点击 添加

第四步
点击 三个点

第五步
点击 设为主推

九　如何删除直播间商品

第一步
点击 商品

第二步
点击 添加商品

第三步
勾选商品，点击 添加

第四步
点击 三个点

第五步
点击 删除商品

十 如何在直播间置顶并讲解商品

十一 如何对直播间商品链接顺序进行调整

十二　直播带货流程话术模板

（一）开场

① 欢迎话术

"欢迎新进来的朋友们！欢迎来到我的直播间，我是 [主播名字]。今天直播间有超多惊喜等着大家哦！"

② 自我介绍

"我做直播已经 [×] 时间了，非常了解 [直播涉及的领域]，今天就是来给大家分享最实用的 [产品、知识、技巧等]。"

③ 直播主题引入

"今天这场直播，我们主要是来聊聊 [主题内容]，我会给大家分享 [具体要点]，还会有超多福利和惊喜哦。"

（二）产品 / 内容介绍

① 引起兴趣

"你们有没有遇到过 [相关问题]？今天我要给大家介绍的这个东西就能完美解决这个问题。"

② 详细介绍

"它的材质是 [具体材质]，非常耐用。设计也很独特，[描述设计亮点]。而且功能非常强大，[列举主要功能]。"

③ 展示与演示

"现在我来给大家展示一下这个产品的实际效果。看，[展示产品效果]，是不是非常棒？"

（三）互动环节

① 提问互动

"宝子们，你们觉得这个产品怎么样？有没有用过类似的产品呢？可以在公屏留言告诉我哦。"

② 抽奖互动

"现在我们来进行一轮抽奖，只要关注主播并在评论区发送 [指定内容]，就有机会获得我们的精美奖品。"

③ 游戏互动

"我们来玩个小游戏吧，第一个在评论区猜对［问题答案］的朋友可以获得一份小礼物。"

（四）促单环节

① 强调优惠

"这款产品平时都要［原价］，但是今天在我的直播间，只要［优惠价］，而且还有赠品相送。大家赶紧抓住机会下单吧！"

② 制造紧迫感

"我们的优惠活动只持续到今天，过了这个时间就恢复原价了。所以大家不要犹豫，赶紧下单吧！"

③ 打消疑虑

"如果大家对产品有任何不满意，可以在［具体时间内］无条件退货。所以大家放心购买，不用担心风险。"

（五）结尾

① 总结回顾

"今天的直播就要接近尾声了，我们一起回顾一下今天的重点内容。［总结主要内容］。希望大家都能有所收获。"

② 引导关注

"如果大家觉得今天的直播还不错，记得关注我的抖音账号，这样下次直播的时候你就能第一时间收到通知了。"

③ 结束语

"最后，祝大家生活愉快，身体健康！我们下次直播再见！"

第七节 直播数据复盘

一 直播间数据考核一般标准

以下考核标准是基于直播场观来说的，场观是指：整场直播的观看人数，从直播开始到结束，无论观众在直播间停留的时间长短，只要进入过直播间，都算在"场观"中，即右图的"观众人数"。

① 曝光进入率

一般是 20%，越高越好。因为用户能否进入直播间，可以直接影响后面的其他数据，较高的进入率是成功的一半。

② 停留时长

低于 30 秒为较差，1 分钟为合格，3 分钟为优秀。

③ 新增粉丝

低于 1% 为较差，3% 为合格，5% 为优秀。

④ 评论人数

低于 1% 为较差，3% 为合格，5% 为优秀。

⑤ 付费人数（灯牌 / 粉丝团 / 礼物打赏）

低于 1% 为较差，3% 为合格，5% 为优秀。其中，加灯牌标准 1%，粉丝团标准 1.5%。

⑥ 点赞量

（1）在线人数，个位数直播间，标准为 1 万人 / 小时。

（2）在线人数，十位数直播间，标准为 3 万人 / 小时。

（3）在线人数，百位数直播间，标准为 10 万人 / 小时。

（4）在线人数，千位数直播间，标准为 30 万人 / 小时。

二　复盘数据指标

考核指数	指标含义
内容数据	
曝光进入率	曝光进入率 = 直播间进入人数 / 推流曝光人数
平均停留时长	平均停留时长 = 用户观看总时长 / 观看总人数
转关注率	转关注率 = 关注人数 / 观看总人数
互动率	互动率 = 评论人数 / 观看总人数
电商数据	
商品点击率	商品点击率 = 商品点击数 / 观看总人数
点击转化率	点击转化率 = 成交人数 / 商品点击人数
UV 价值	直播间访客平均带来的价值（即直播间成交额 / 访客数）
千次成交	直播间平均每 1000 个人的成交额

（一）曝光进入率

① 影响因素

直播画面、主题、主播形象和状态。

② 提升策略

（1）优化直播间场景，增加吸引人的元素，背景，让观众愿意进入直播间。

（2）明确直播主题，或者是用差异化主题，或者是福利，让观众感兴趣，进入直播间。

（3）主播形象符合直播场景，且状态要拉满，让观众被感染，进入直播间。

（二）平均停留时长

① 影响因素

主播话术和状态。

② 提升策略

主播尽可能地为观众提供情绪价值，有感染力，抛出观众想听的话题，及时互动，让观众有一种被重视的感觉。

（三）转关注率

① 影响因素

账号定位以及主播引导关注的话术和节奏，直播间价值感。

② 提升策略

账号要有明确的定位，并且给粉丝提供价值，别人才可以关注，掌握引导关注的话术和节奏，让进入直播间的人感到舒服和愿意关注才可以。

（四）互动率

① 影响因素

直播间话题感以及主播互动引导行为。

② 提升策略

可以通过直播间场景元素或者话题，引发观众疑问、讨论，产生互动，同时主播要间接性进行互动引导。

（五）商品点击率

① 影响因素

主播产品介绍、商品自身主图、标题、价格力。

② 提升策略

主播可以通过挖痛点、卖点、做福利提高商品点击率，产品主图和标题要吸引人，性价比高或者活动促销。

（六）点击转化率

① 影响因素

主要是商品自身因素，主图、详情页、价格、销量、好评、库存稀缺性。

② 提升策略

优化商品链接主图、详情页，价格比高，拉好评，主播最好是憋单、卡库存或者是卡福利时间点，快速促成交。

（七）UV 价值 / 千次成交

① 影响因素

商品客单价，直播间排品，商品 SKU（库存量单位）组合。

② 提升策略

客单价不宜过低，合理安排直播间高低价商品排品以及一个商品的多个 SKU 组合，可通过卡福利、卡库存，做密集成交。

三 数据查看路径

（一）路径：手机端

（1）通过账号后台的主播中心查看

（2）通过官方的抖音灵机查看

（二）路径：电脑端

第一步： 在"数据概览"里面可以看到直播的"流量转化""流量来源""热卖商品""购买人群"。

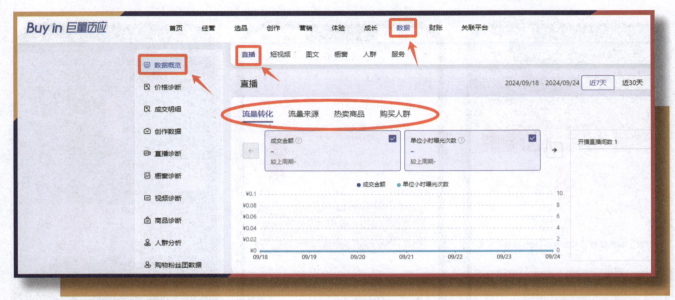

第二步： 在"直播诊断"里面可以看到"直播成交金额""直播时长诊断""直播流量诊断""转化率诊断"。

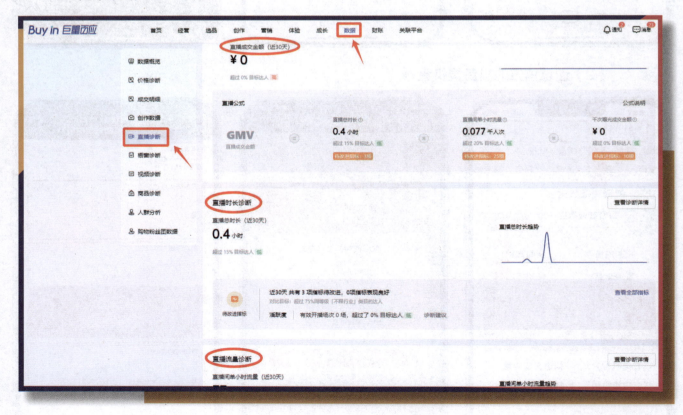

第八节 经验分享主播全套指导

一 经验分享主播的基础认知

　　什么是经验分享型主播？ 经验分享型主播是指教别人如何做自媒体创业，分享自己做账号的经验，并且靠卖一些做账号相关的产品变现，包括抖音运营相关的书籍、手机支架、散热器、灯光设备之类的达人。

　　什么样的人适合做经验分享型主播？ 没有特别喜欢和擅长的类目，比如服装、美妆、美食等，但是对创业经历能够侃侃而谈，愿意把自己做账号的经验分享给别人。

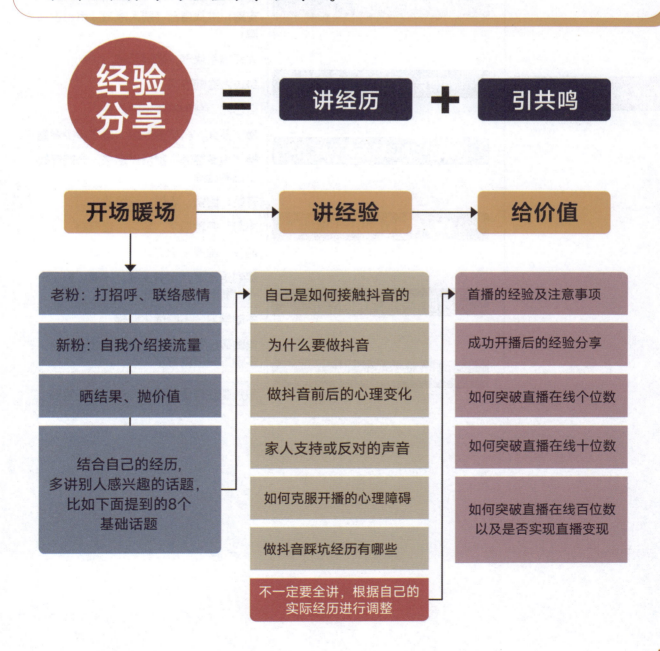

二　新人直播 8 个基础话题

新人8个基础话题

- 自我介绍
  - 介绍真实情况，要接地气，找观众共鸣和兴趣点
  - 树立正能量、积极向上人设，提高信任度
  - 思路要清晰，像和朋友聊天一样，真诚

- 为什么来做抖音
  - 不想伸手要钱，自立自强
  - 门槛低，投资少，普通人也能做，看到别人能做起来
  - 时间自由，随时随地，一部手机就能做

- 身边人态度如何
  - 反对：不断泼冷水（没颜值，没才艺，没团队，做得晚）
  - 支持：挑战自己（别人能做，自己也能做）

- 如何克服心理障碍
  - 大环境不景气，被逼无奈
  - 身边人冷嘲热讽
  - 自己内心有种不服输的劲头

- 做抖音踩坑经历有哪些
  - 做了多久，买了多少课，走了多少弯路
  - 换了很多赛道，都没做起来，开始怀疑自己的选择

- 做抖音的心路历程
  - 开始：胆怯，恐惧，没经验
  - 中间：各种摸索，学习，走弯路
  - 现在：发现上手之后，并不难

- 如何学习做抖音的
  - 买到这本书，本书系统、详细，有了一个"指明灯"的感觉
  - 主动学习，不断优化调整

- 做抖音之后的心理感受
  - 勇敢迈出第一步，行动起来才有机会，多锻炼一下就好了
  - 虽然现在抖音很内卷，但机会还很多

三 整场直播节奏框架

0~5 分钟

第一批来的通常是老熟人

简单真诚地打招呼即可，如果老熟人不多的话，需要先做自我介绍，说明能给别人带来什么价值。

5~20 分钟

会有一波极速流，至关重要

极速流承接的好坏，直接关系到正常直播的数据，来得快、猛，流量也比较泛。可以说前面的基础话题（2）—（8）提到的，努力引起别人的兴趣，延长在直播间停留时间。

20~40 分钟

在线人数持续上升

（1）不断地抛话题，询问大家是否感兴趣。如果想听的话，需要给主播点点关注、点赞、加粉丝灯牌。

（2）循环插入见证法，不断地给直播间的观众报数据。在线人数100、200、300……通过不断地抛话题，就会把感兴趣的人留在直播间，在线人数逐渐稳定，人群逐渐精准。

40~50 分钟

上升到峰值，多互动

关注公屏评论，积极互动，还可以通过发福袋、设置公屏发送具体文字，进行引导。

灵活时间

在线人数稳定，人群相对精准

开始针对直播间提出的各种问题结合自己的经历进行互动解答，同时，可以描述自己能够把账号做起来的原因，比如，走了很多弯路，买了一些课程，最后发现方法都在这种运营书籍里面，还可以推荐自己使用的一些散热器、灯光、收音麦克风等。

下播前 10 分钟

收尾 + 铺垫

（1）做下场直播预告。

（2）感谢榜上大哥、大姐。

（3）引导如有问题可以进粉丝团继续交流。

 不同类目和账号会有所差异，以上时间段仅供参考。切记不要在直播间人数完全掉完再下播，因为下一场直播推流会参照上一场直播下播前数据。

四　首播参考话术

3 段话 +3 个动作 +1 个见证法

第一段　直播间没人，自我介绍

　　欢迎朋友们来到我的直播间！我是一位来自云南的宝妈，有 2 个孩子，今天是我的首播，也是我在抖音开启创业之旅的第一步。我不是来玩的，也不想当网红，就想通过直播分享经验，挣点生活费，不要再过和老公伸手要钱的生活。如果，你也和我的情况差不多，很想来抖音平台尝试一下，可以留在我直播间听一听我的故事和经历，也见证一下我的抖音创业之路。

第二段　开始上人，讲为什么来做抖音，引起共鸣

　　今天是我第一次开播，我非常紧张，很怕熟人刷到我、笑话我。我在家有七八年没有上班，所以，也没有什么工作经验。现在孩子大了，我也想自己经济独立，但是，这几年，一直在家带孩子，跟社会基本脱节了，找不到合适的工作。上个月我无意中刷到一位河北的宝妈，她说她两个小时能挣三位数，而且她不用唱歌，也不用跳舞，长得也不是很好看，就在直播间和大家唠唠家常，我觉得这事我也能干，所以，我就大胆开播了。我想着只要挣个买菜钱就够了，这样，就不用天天看老公脸色了，是不是？你们觉得我能做到吗？觉得能打个"能"，觉得不能，打个"加油"，感谢各位家人的支持和鼓励。

第三段　进来精准人群，讲价值，拉停留和互动

　　虽然我是新人，但我不是盲目开播的。开播前我学习了整整一个月，逛遍各大直播间，也买了一些课程，虽然踩了一些坑，但是，积累了不少经验。有没有和我一样想在抖音开播创业的朋友呢？有的话打个"有"。如果你有开播的想法却一直不敢行动，今天可以看看我，把我的首播当成你的首播，听听我的故事，看看我的表现和结果，说不定能给你带来开播的勇气。我犹豫、纠结、恐惧了一个月，怕熟人笑话，也怕留不住人。直到前几天，我把很多首播成功的直播间录屏下来，整理成文字，发现大家的话术流程都差不多，感觉自己都会说了，所以，我今天也用这个方法来开播，大家一起看看我能不能成功。如果能成功，我就把稿子分享到粉丝群，让大家也能用；如果不能，就当给大家排雷避坑了，好不好？

3 个动作：　要点赞　　要评论　　要加关注和粉丝团

1 个抛结果 + 见证法（拿出状态、人数对比、要数据）

　　家人们，你们有没有看到，真的上人了！能看出来上人的家人们打个"上人"，哇，

家人们，快看，从刚才的直播间在线几十人，到现在的直播间在线几百人，就短短几分钟。所以说，大家还是愿意听我分享自己做账号的经验，也说明很多家人们，其实和我一样，想要在抖音上拼一拼、搏一搏。如果你们不知道我刚刚的开场白是怎么讲的，可以留下来，给我点点赞，我再给大家重新讲一遍，好不好？

将 8 个基础话题结合自己情况，进行轮换和交流，让自己直播间的内容丰富起来。

话题 1: 开始做抖音，家里如何从不看好、不支持到后来的支持的转变？

家人们，当我决定做抖音的时候，家里人一开始是完全不看好也不支持的。他们觉得我应该把全部精力都放在照顾家庭和孩子上，而不是去做这些看起来不切实际的事情。他们说抖音上竞争那么激烈，成功哪有那么容易，还担心我会因为投入太多时间在抖音上而忽略了家庭。每次听到他们这样说，我都特别难受。我也怀疑过自己，是不是真的做错了。

但是，我内心深处有一个声音告诉我不能放弃。我渴望有自己的事业，不想只是围着家庭转。于是，我顶着压力开始了我的抖音之旅。我努力学习各种直播技巧和视频制作方法，每天抽出时间来准备内容。一开始真的很艰难，直播间没什么人，视频的播放量也很低，但我没有放弃，不断地改进和尝试。随着时间的推移，我的努力渐渐有了成果。直播间的人数开始慢慢增加，视频也得到了更多人的喜欢和关注。家里人看到了我的坚持和付出，也看到了我的进步。他们的态度开始发生转变，从一开始的反对，到后来开始默默地关注我的直播和视频。

我知道，我的努力终于得到了家人的认可和支持。我也更加坚定了自己在抖音上继续走下去的决心。我相信，只要我坚持不懈，未来一定会更加美好。

话题 2: 如何克服心理障碍，勇敢开播？

家人们，你们知道吗，当我决定做抖音的时候，心中充满了恐惧。我特别恐播，害怕失败，总觉得如果没做好，就会被人嘲笑。一想到可能会被熟人刷到，那种尴尬和不安就涌上心头。我担心他们会在背后议论我，觉得我不务正业或者不自量力。每次要开播的时候，这些担忧就像一座大山压在我心上。我也无数次问自己，真的能行吗？万一失败了怎么办？但我又不甘心就这样放弃。为了鼓起勇气开直播，我内心挣扎了半个月，一想到要开播就紧张，害怕直播间没人，怕没话说。但是，想到自己的现状，我还是鼓起勇气迈出这一步，想着花费 1~3 个月的时间，好好做一下抖音直播，感兴趣的家人也可以给我点个关注，看看我到底能不能用 1~3 个月时间，把抖音做起来。

第六章
带货数据查询篇

第一节 官方查看路径

一 如何查看卖出的商品订单

二　如何查看卖出的商品佣金比例

第一步
点击 电商带货

第二步
点击 我的佣金

第三步
点击 推广明细

第四步
可查看佣金比例

三　如何查看当天、昨天、7天、30天带货佣金

第一步
点击 右上角三条横线

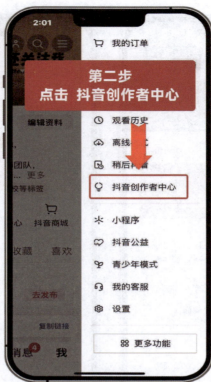

第二步
点击 抖音创作者中心

第三步
点击 全部

第四步
点击 电商带货

第五步
点击 我的佣金

第六步
查看佣金

第二节 第三方查看工具

 蝉妈妈

　　蝉妈妈是一款垂直于全网短视频的大数据服务平台，可帮助用户精准找达人、找商品、分析数据以提升直播和短视频带货效率，为直播电商从业者提供一站式营销服务。

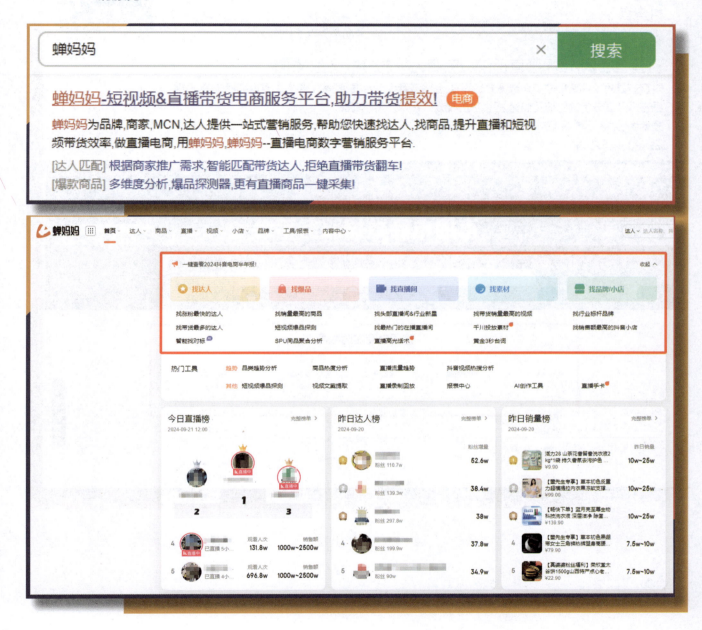

二　**抖查查**

　　抖查查是一款抖音直播短视频电商带货必备的数据分析工具，可提供多维度数据查询分析、热门榜单、流量趋势分析、达人发掘、资源对接、数据可视化等功能，助力用户实现抖音直播电商的高效运营与带货变现。

三   飞瓜

　　飞瓜是一个多平台的社交媒体大数据分析工具，可提供热门素材搜集、博主查找、数据监测、电商分析、直播分析、品牌营销分析等功能，助力用户实现短视频和直播平台的高效运营、选品决策、达人合作、品牌推广等目标。

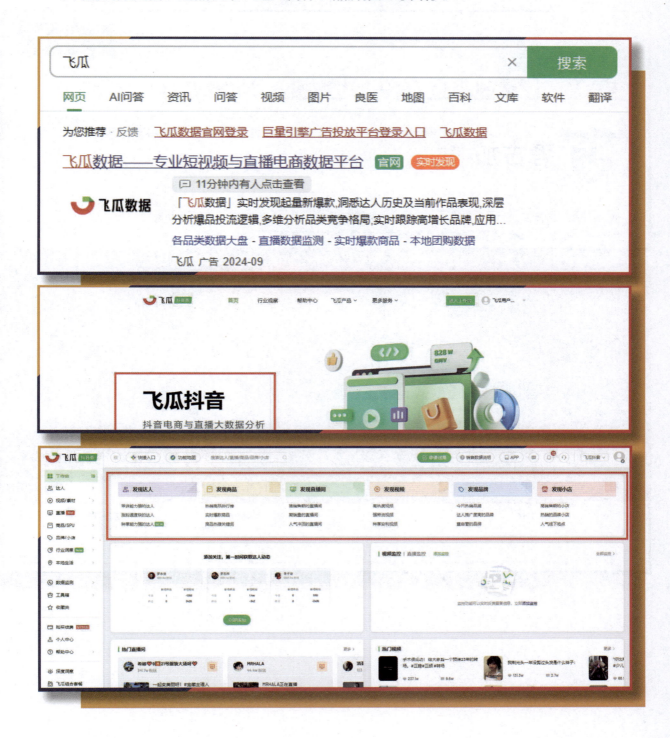

四 考古加

考古加是一款集抖音数据查询与分析、达人搜索筛选、热门视频追踪等功能于一体的专业数据分析工具，可助力用户精准把握抖音平台的流量趋势与商业机会。

五　有米有数

　　有米有数是有米云旗下的新电商营销大数据分析平台，能为商家提供抖音、快手等新兴电商平台的商品及营销数据，帮助商家实现 "趋势洞察、科学选品、素材参考、投放提效" 的全链路效率提升，助力生意的可持续增长。

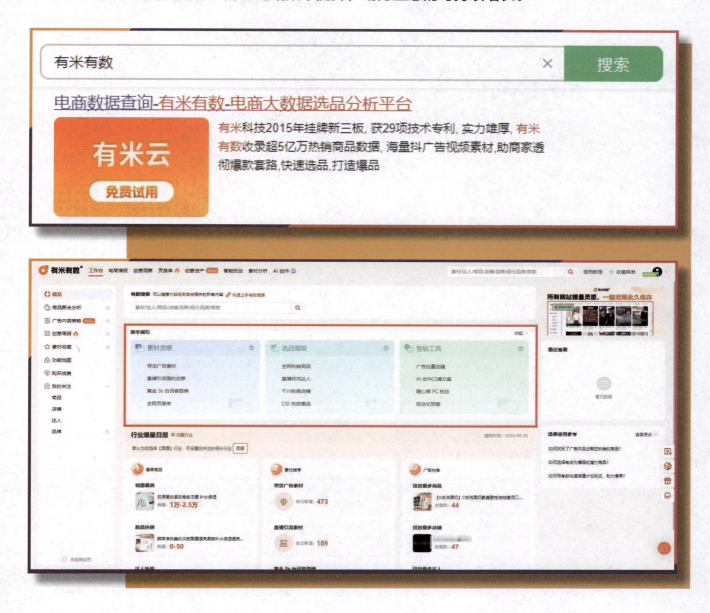

第七章
常见投流方式篇

第一节 DOU+

一　什么是 DOU+

DOU+（抖加）是抖音官方推出的内容加热和营销推广工具，基于抖音的日活跃用户，可以实现视频推广、直播推广、营销推广的目标。DOU+ 可以帮助用户提升视频的播放量、点赞等互动数据，吸引更多的用户进行互动与关注，实现提升视频的互动量、增加粉丝量等目的。用户可以通过 DOU+ 付广告费来获得更多的流量。

二　DOU+ 的常见作用

（1）增加视频曝光量，让更多的用户看到你的作品。

（2）增加直播间曝光量，让更多的人进入直播间。

（3）提高视频点赞、评论、转发等互动数据。

（4）快速涨粉，吸引对视频感兴趣的用户关注。

（5）测试不同类型视频的效果，为后续创作提供参考。

三　投放 DOU+ 的操作步骤

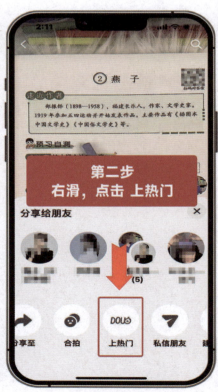

四　如何投 DOU+ 让视频上热门

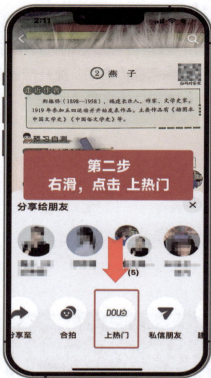

五　如何投 DOU+ 快速涨粉

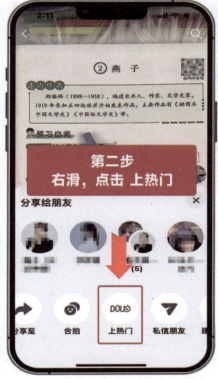

第二节　小店随心推

一　什么是小店随心推

小店随心推是"巨量千川"在抖音 App 端的针对电商用户的轻量级投放工具，可以帮助用户快速打标签、破账号的冷启动，提升带货直播间和短视频的播放和互动，优化商品成交，助力电商用户的经营成长。

二　如何使用小店随心推

（一）投放随心推的操作步骤

（二）基本功能介绍

① 多种投放目标选择

（1）**浅度目标：** 支持加粉、互动等，帮助商家增加账号粉丝量、提高视频或直播间的点赞、评论、分享等互动量。

（2）**深层转化目标：** 有电商属性的深层转化目标，如直播间带货，可直接促进商品的销售转化。

② 灵活的出价方式

（1）**按播放量出价：** 商家可以根据视频的播放量需求进行出价，以提高视频曝光度。

（2）**按优化目标出价：** 分为手动出价和自动出价。手动出价让商家可以根据自己的经验和预算对投放目标进行自定义出价；自动出价则是系统根据算法和数据模型，自动智能出价。

③ 便捷的订单管理

（1）**订单列表功能：** 提供近 7 天的投放订单数据汇总，商家可以方便地查看订单的基础数据，如订单编号、投放时间、投放金额、投放目标等，并且可以在列表中直接跳转至下单页或订单详情页，便于管理和查看订单的具体信息。

（2）**查看订单详情：** 商家能够查看订单的详细数据，除了基础数据外，还会有更详细的数据披露，如曝光量、点击量、转化率等，帮助商家全面分析订单效果，了解投放的具体情况。

第三节 巨量千川

一 什么是巨量千川

　　巨量千川是巨量引擎旗下的电商广告平台，提供抖音电商一体化营销解决方案。平台致力于成为电商智能营销平台，构建电商营销生态，让电商营销省心高效，成就生意可持续增长。巨量千川也是小店随心推的专业 PC 版本，比随心推功能更多，算法更智能。

二 如何使用巨量千川

（一）投放千川的操作步骤

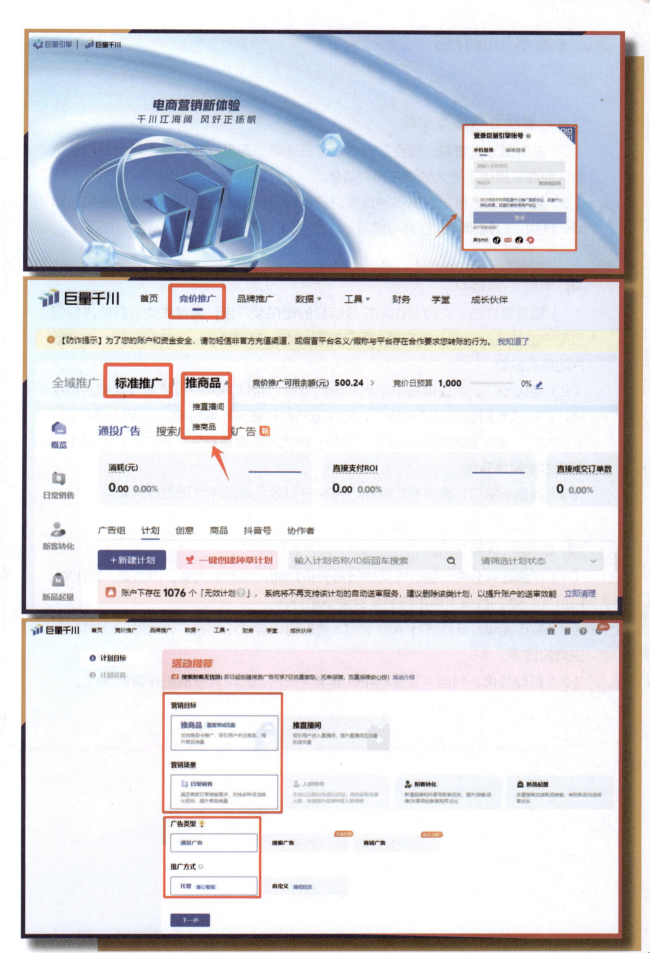

（二）基本功能介绍

① 流量整合与精准投放

（1）**多渠道流量覆盖：** 整合了抖音、今日头条、西瓜视频等多个平台的流量资源，为商家提供了庞大的潜在用户群体。

（2）**精准定向：** 可以根据多种维度进行精准定向投放，包括但不限于地域、年龄、性别、兴趣爱好、行为习惯等。

② 多种广告形式

（1）**短视频广告：** 支持制作和投放精彩的短视频广告，通过生动有趣的内容吸引用户的关注。可以在短视频中展示产品特点、使用场景、品牌故事等，激发用户的购买欲望。

（2）**直播推广：** 为直播提供强大的推广支持，帮助商家吸引更多观众进入直播间。可以在直播前进行预热推广，提高直播的知名度和期待感；直播过程中进行实时推广，增加直播间的人气和互动性；直播结束后进行回顾推广，扩大直播的影响力和销售转化。

（3）**商品卡推广：** 直接推广商品，将用户引导至商品详情页进行购买。

③ 数据洞察与优化

（1）**详细数据分析：** 提供丰富的数据分析功能，包括曝光量、点击量、转化率、ROI（投资回款率）等指标的实时监测和分析。

（2）**A/B 测试：** 支持进行 A/B 测试，商家可以尝试不同的广告创意、投放策略、定向设置等。

（3）**智能优化：** 利用人工智能和机器学习技术，对广告投放进行智能优化。

第四节 随心推和巨量千川的共同点

一 随心推和巨量千川的作用

① 提升商品曝光度

（1）**精准投放：** 可以根据商品的特点和目标受众，选择合适的投放选项，如年龄、性别、地域等，将商品精准推送给潜在客户，极大地提高商品在目标人群中的曝光机会。

（2）**多渠道推广：** 无论是短视频还是直播间，都能通过小店随心推和巨量千川获得更多的流量，拓宽商品的展示渠道。

② 增加销售转化

（1）**吸引潜在买家：** 通过吸引人的广告内容和精准推送，吸引对商品感兴趣的用户点击进入购买页面，提高商品的点击率。

（2）**促进购买决策：** 在用户浏览短视频或观看直播时，适时地展示商品广告，能够激发用户的购买欲望，促进他们做出购买决策。

③ 助力店铺成长

（1）**扩大店铺影响力：** 随着商品曝光度的提高和销售的增长，店铺的知名度也会逐渐提升，吸引更多的用户关注和购买，为店铺的长期发展奠定基础。

（2）**数据反馈优化：** 提供详细的投放数据反馈，商家可以根据这些数据了解广告效果，优化投放策略，提高广告投入产出比。

二 随心推和巨量千川的适用场景

（1）**短视频推广：** 商家可以在发布的带货短视频中使用随心推和巨量千川，增加视频的曝光度和互动量，吸引用户点击视频中的商品链接进行购买。

（2）**直播间推广：** 在直播过程中，商家可以通过随心推和巨量千川为直播间引入更多的观众，提高直播间的热度和商品的销售转化率。

第五节 三种投流方式的区别

	DOU+	小店随心推	巨量千川
定义	为抖音创作者提供的视频内容加热工具，提高视频播放量与互动量	巨量千川抖音App 端版本，为电商用户提供的极简化营销工具	巨量引擎旗下的电商广告平台，为商家和创作者们提供抖音电商一体化营销解决方案
适用场景	视频内容和无商品挂车的直播间（若直播间挂有商品小黄车则不能投放）	挂有商品的视频和直播间推广	挂有商品的视频和直播间，以及商城和商品卡的推广
流量池	内容	广告	广告
转化目标	短视频（含图文）转化目标：位置点击、点赞评论量、粉丝量等。直播间转化目标：直播间人气、直播间涨粉、观众互动	短视频（含图文）转化目标：商品购买、粉丝提升、点赞评论、支付ROI 等。直播间转化目标：进入直播间、商品点击、下单、成交、支付 ROI 等	短视频／商品卡（含图文）转化目标：商品购买、粉丝提升、点赞评论、支付ROI 等。直播间转化目标：进入直播间、粉丝提升、评论、商品点击、下单、成交、支付 ROI、直播间结算等
出价方式	系统自动出价	支持手动出价和自动出价	支持手动出价和自动出价，商家可灵活调整
操作难度	操作简单，在手机端即可操作，但对电商转化的支持相对较弱	操作简单，可在手机端便捷操作	操作难度相对较高，有一定学习成本
适用人群	以涨粉或打造爆款短视频为目标的创作者；想要快速建立或调整账号标签的创作者	对广告投放比较陌生、没有接触过的个人商家或达人；操盘能力较弱、预算较少的小团队商家	以转化为目标的商家用户（包括低粉账号）、有一定信息流操盘能力、有较多预算基础的电商商家或明星达人、想要放量拓展人群突破 GMV 增长瓶颈的商家达人、有成熟的有专业承接流量和转化能力的主播
投放预算	预算相对较低，单条100元起投，可投放多个视频素材	预算相对较低，单条计划100元起投，只能投放单个视频素材	预算相对较高，单条计划300元起投，基本无上限，可投放多个视频素材

第六节　第三方投流工具介绍

　　小火龙是全网首款随心推智能投放工具，10W+ 随心推头部商家和达人的共同选择，为随心推商家和达人提供以下功能。

① 随心推投放管理

批量投放：多账号，多视频，分批定时投放

高效投放：5 分钟可 100 笔订单

亏损关停：自动止损，减少低产消耗

高产复投：ROI 较高，自动复投扩大收益

② 抖音评论管理

关键词删评：自动删差评，避免影响转化

删除新增：拦截新增评论，维护现有好评

自动回评：回评营销，拉高互动促转化

评论管理：可置顶、拉黑、删除、回复评论

③ 随心推数据管理

数据同步：可自动同步外部订单和数据

视频分析：掌控视频分时段数据及趋势

精选联盟：同步联盟订单，数据可视化

移动盯盘：小程序可盯盘，操盘更灵活

④ 多账号聚合管理

团队管理：多成员分工绩效管理更方便

账号管理：数百个抖音号轻松聚合管理

私密管理：掉车自动私密视频，定时私密

豆英投放：支持 DOU+ 批量投放及管理

第八章
官方账号与 AI 工具篇

第一节　官方学习账号推荐

巨量课堂

电商小助手

企业号小助手

剪映

抖星情报局

直播大讲堂

抖音小助手

DOU+小助手

抖音创作小助手

抖音安全中心

第二节 常用的官方渠道汇总

一 抖音（PC 端）

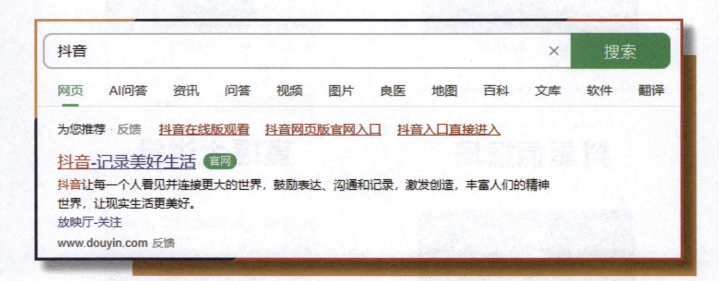

二 巨量算数

　　巨量算数是一个依托巨量引擎的数据与技术优势，为用户提供内容消费趋势洞察、热词热点分析、关联分析、人群画像刻画等功能，以助力营销决策、内容创作和行业研究的数据分析平台。

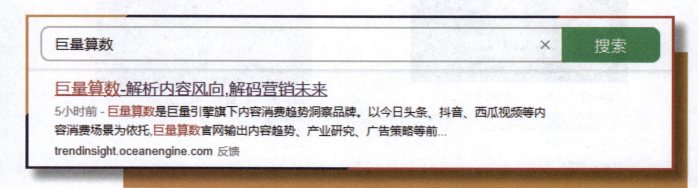

三　巨量引擎

巨量引擎为企业及个体提供跨多平台、多场景的一站式数字化营销服务，包括精准广告投放、数据分析、增长营销及效果衡量等，助力实现商业可持续增长。

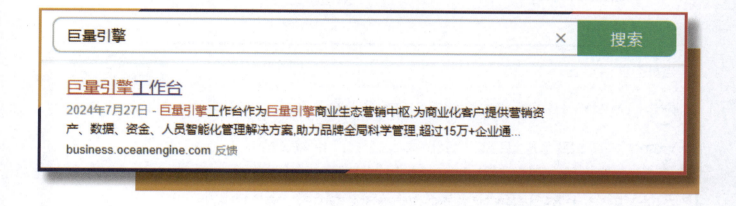

四　巨量千川

巨量千川是字节跳动旗下的一体化电商广告平台，为商家和创作者提供抖音电商一体化营销方案，集多种电商广告能力于一体，助力实现商品销售、品牌推广、粉丝增长等目标。

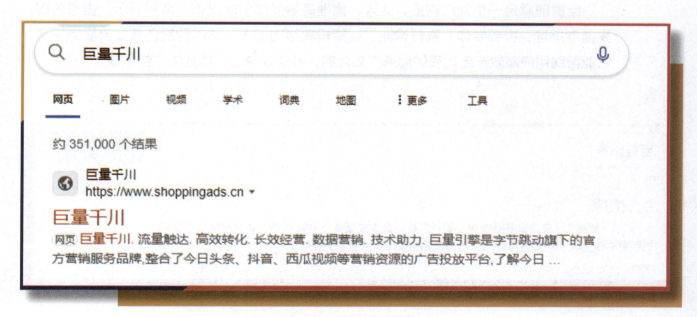

五　巨量百应

　　巨量百应是一个为抖音达人、机构、商家等提供内容电商相关的综合服务平台，可实现商品管理、直播带货管理、数据监测分析、人货撮合等多种功能，助力抖音电商生态的发展。

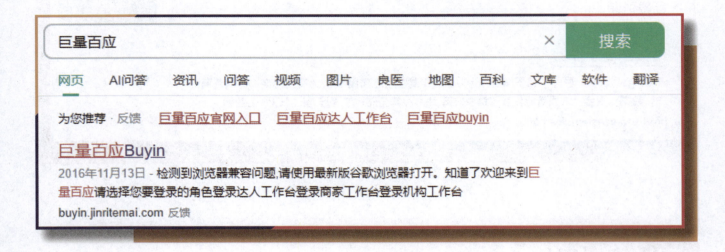

六　巨量创意

　　巨量创意是一个为广告主、达人、代理商等提供创意灵感、案例展示、信息内容，集创意指导、视频制作、素材诊断、智能投放等功能于一体的营销创意交流服务平台。它能帮助用户高效产出优质的创意广告内容，并实现快速、精准的广告投放。

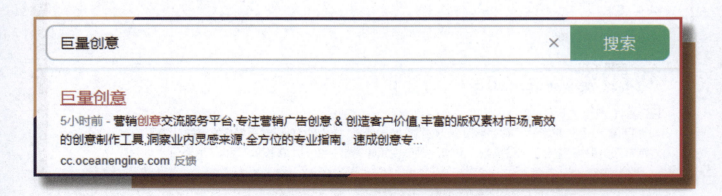

七   巨量星图

巨量星图是一个连接品牌方、广告主与创作者，为创作者提供变现机会、为品牌方提供内容营销服务的一站式平台。

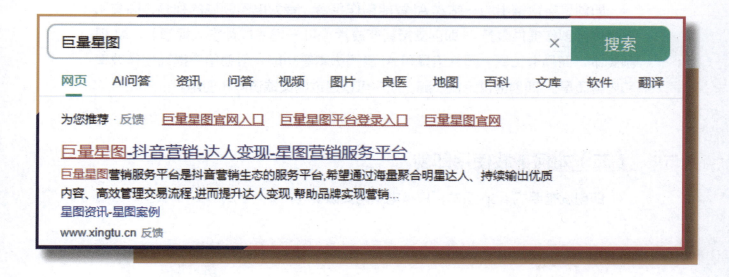

八   巨量云图

巨量云图是以品牌数据资产为核心，为品牌提供从洞察、策略制定到营销落地指导及调优的全链路服务，助力品牌实现营销决策科学化、数据资产化、运营精细化的营销数据平台。

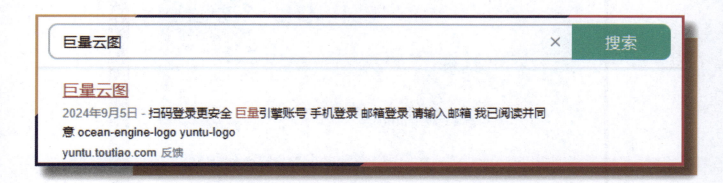

第三节 抖音的 AI 工具

一 即创

（一）即创是做什么的

即创是抖音推出的一站式 AI 智能创作平台，专为电商领域的视频、图文和直播内容创作提供服务。即创支持智能成片（AI 一键生成数字人视频）、AI 视频脚本、商品卡工具、图文工具和 AI 直播脚本等功能，帮助用户提高创作效率和内容质量。即创提供免费公测，用户可以通过网页端访问和使用。

（二）如何下载使用即创

即创没有手机 app 版本，只有电脑网页版。

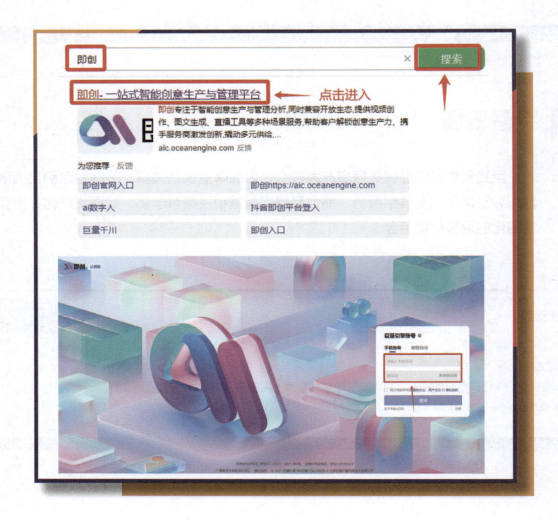

（三）即创的常用操作有哪些

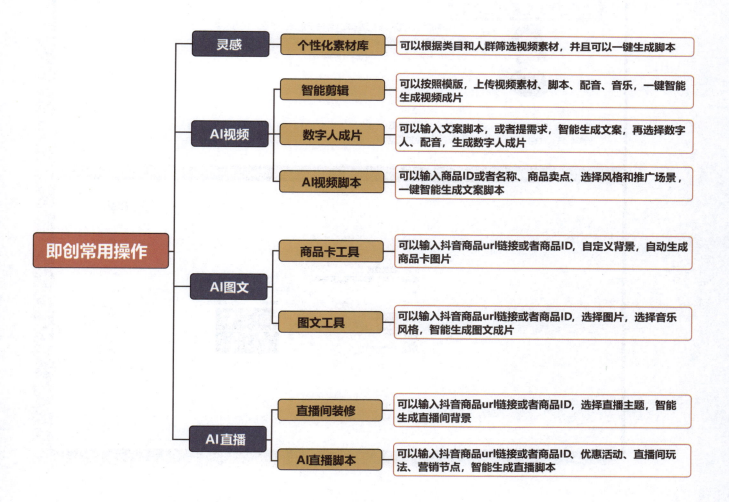

二  豆包

（一）豆包是做什么的

豆包，字节跳动旗下的 AI 工具库，适用于创作、学习、职场、咨询、娱乐等各个类别，帮助自媒体人、上班族、学生等人群提高工作效率。

（二）如何下载使用豆包

可以在电脑网页使用，还可以下载电脑客户端和手机客户端。

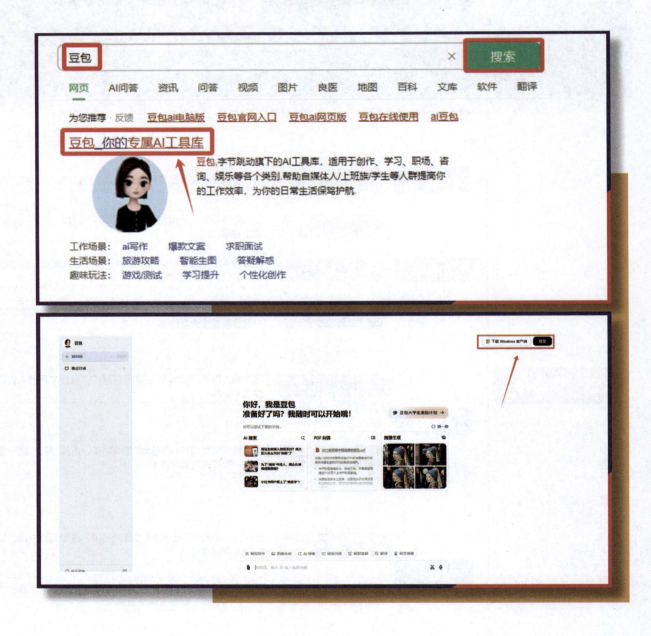

（三）豆包的常用功能展示

① 手机端页面展示

② 电脑端页面展示

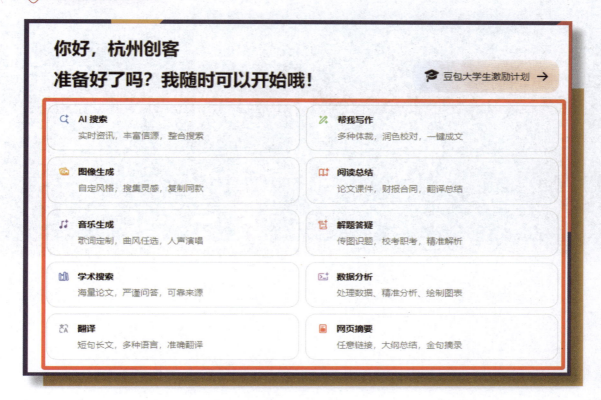

你好，杭州创客

准备好了吗？我随时可以开始哦！

🎓 豆包大学生激励计划 →

AI 搜索 实时资讯，丰富信源，整合搜索	**帮我写作** 多种体裁，润色校对，一键成文
图像生成 自定风格，搜集灵感，复制同款	**阅读总结** 论文课件，财报合同，翻译总结
音乐生成 歌词定制，曲风任选，人声演唱	**解题答疑** 传图识题，校考职考，精准解析
学术搜索 海量论文，严谨问答，可靠来源	**数据分析** 处理数据，精准分析，绘制图表
翻译 短句长文，多种语言，准确翻译	**网页摘要** 任意链接，大纲总结，金句摘录

三　如何克隆自己的数字人或使用其他数字人（剪映）

第一步： 先点击上方的"数字人"，再点击"克隆形象"，会弹出购买会员积分页面，进行购买。

第二步： 购买成功后，上传 2 分半到 10 分钟的个人口播视频，完成后点击"下一步"。

第三步：需要先录制平台规定的授权文案视频并上传，完成后点击"提交"。

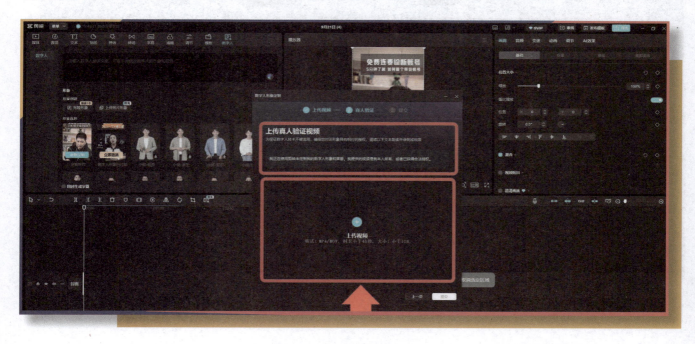

第四步：视频上传完成后，系统会定制自己的数字人，点击"稍后查看"。

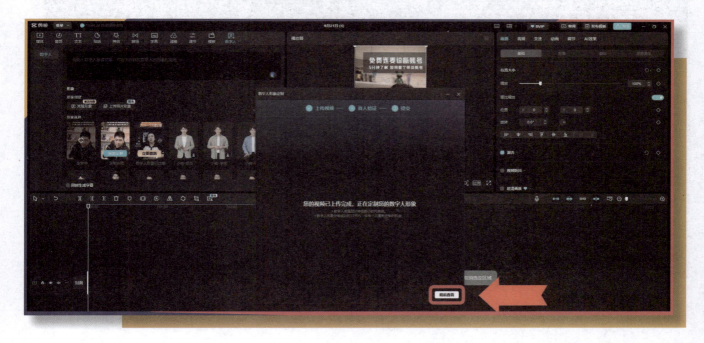

第五步： 输入想要生成的视频的文案。

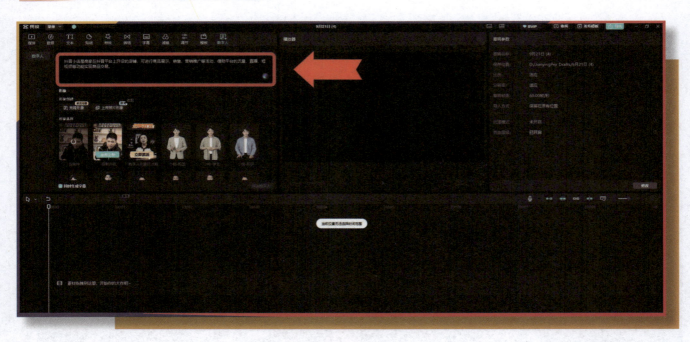

第六步： 点击想要使用的"数字人"形象，可以使用自己克隆的形象或者系统自带的形象。

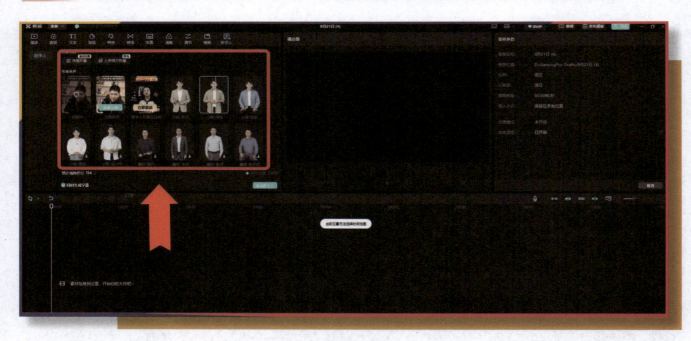

第七步： 选择想要生成的视频的颜色背景或者图片背景（系统自带），或者本地上传自己想要的图片。点击"添加数字人"。

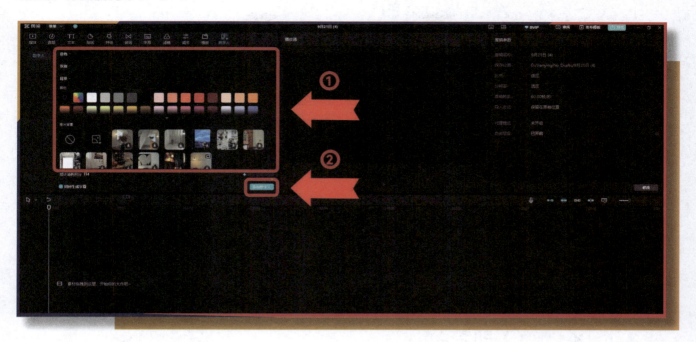

第八步： 生成"数字人"样片后，检查没有问题后，再点击右上角"导出"，生成视频。

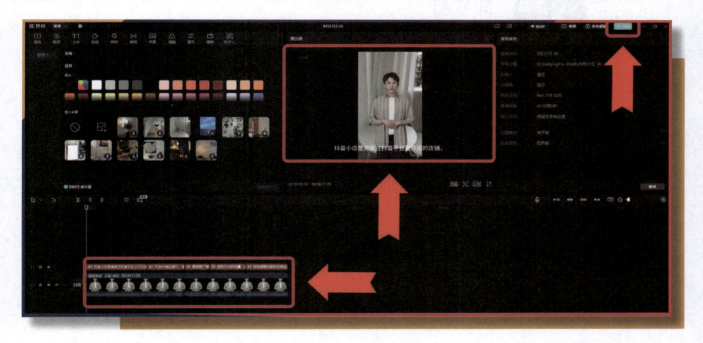

四　即梦 AI

（一）即梦 AI 是做什么的

　　即梦 AI 是抖音旗下剪映团队研发的一款 AI 创作者平台，专为创意爱好者提供 AI 创意图片制作、AI 创意视频制作。其中，在图片生成方面，用户通过输入描述关键词来生成 AI 图片，还能导入参考图以及选择生图模型，以生成更符合需求的图片，并可决定图片精细度和尺寸比例。在视频生成方面，有文本生视频和图片生视频两种模式，用户可设置提示词、运镜类型、视频比例、运动速度等。故事创作和 AI 音乐功能正在测试中。

（二）如何下载使用即梦 AI

（1）**手机端：** 应用商店搜索"即梦 AI"即可。

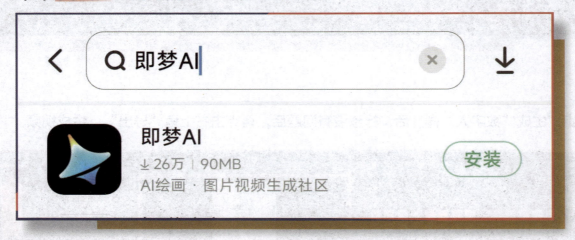

（2）**电脑端**

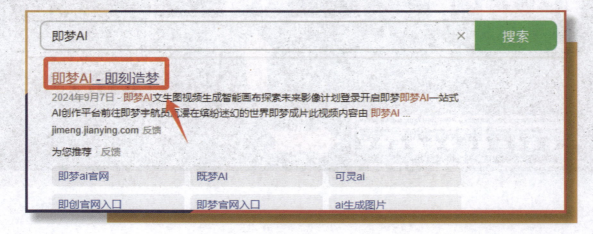

（三）即梦 AI 的常用操作有哪些

（1）即梦 AI 的主要功能： ① AI 图片生成；② AI 视频生成；③智能画布；④故事创作（待上线），目前是会员制，如果使用需要购买积分。

（2）应用案例： 在 2024 年 7 月初上线的全国首部 AIGC（人工智能生成内容）连续性叙事科幻短剧集《三星堆：未来启示录》中，即梦作为首席 AI 技术支持方，借助了包括 AIGC 剧本创作、概念及分镜设计、图像到视频转换、视频编辑和媒体内容增强等 10 种 AI 技术。

第九章
店铺开通与运营篇

第一节　抖音小店的介绍

抖音小店（简称"抖店"）是一站式商家生意经营平台，实现**商品交易、店铺管理、售前售后履约、第三方服务市场合作**等全链路的生意经营。抖店为商家提供全链路服务，帮助商家长效经营、高效交易，实现生意的新增长。

入驻所需材料

入驻方向　❓　　◉ 抖音电商

开店主体　❓　　◉ 企业 / 公司　　○ 个体工商户　　○ 个人身份 新

店铺类型　❓　　◉ 企业店　　○ 专营店　　○ 专卖店　　○ 旗舰店　　○ 官方旗舰店

品牌类型　❓　　☑ 自有品牌　　☑ 授权品牌

基础资质	
资质列表	详细描述
营业执照	1. 需提供三证合一的营业执照原件扫描件或加盖公司公章的营业执照复印件 2. 确保未在企业经营异常名录中且所售商品在营业执照经营范围内 3. 距离有效期截止时间应大于 15 天 4. 须露出证件四角，请勿遮挡或模糊，保持信息清晰可见 5. 新办理的营业执照，因国家市场监督管理总局信息更新有延迟，建议办理成功后至少等待 7 个工作日后再入驻 6. 若营业执照的公司名称为星号或空白等，不支持入驻，须先前往工商局添加公司名称 7. 图片尺寸为 800 像素 ×800 像素以上，支持 PNG、JPG 和 JPEG 格式，大小不超过 5MB

基础资质	
资质列表	详细描述
身份信息	1. 根据身份归属地，提供相应的经营者身份证件 1）中国内地：须提供二代身份证的正反面照片 2）中国香港、中国澳门、中国台湾地区：须提供港澳居民来往内地通行证或台湾居民来往大陆通行证的正反面照片 3）海外：须提供护照首页照片 2. 提供有效期限范围内的证件，且证件须露出四角，请勿遮挡或模糊，保持信息清晰可见 3. 图片尺寸为 800 像素 ×800 像素以上，支持 PNG、JPG 和 JPEG 格式，大小不超过 5MB
账户验证	1. 支持实名认证和打款验证两种：法人 / 经营者为大陆身份证的个体工商户默认实名认证，企业可自由选择；非大陆身份证仅支持打款验证 2. 实名认证：填写经营者 / 法人个人名下银行卡号，输入银行预留手机号，填写验证码即可验证 3. 打款验证：填写企业对公银行卡号、开户银行、开户支行的所在地及名称，输入平台给该账户的打款金额即可验证

品牌资质（企业店入驻时可不填写品牌信息）	
资质列表	详细描述
自有品牌	1. 经营自有品牌、授权品牌，或既经营授权品牌又经营自有品牌 2. 自有品牌需提供商标注册证号，商标注册证右上角编号即为商标注册号，或通过商标局官网查询商标注册号
授权品牌	1. 经营自有品牌、授权品牌或既经营授权品牌又经营自有品牌 2. 授权品牌需提供由商标权利人为源头授权到开店主体的完整授权关系文件 / 授权书；已经注册的商标（R 标），或申请时间满六个月且无驳回复审的 TM 标 3. 若商标权利人为自然人，须提供商标权利人亲笔签名的身份证正反面复印件 4. 授权剩余有效期至少大于 7 天 5. 授权文件中需包含授权方、被授权方、授权品牌、授权期限等；具体请查看品牌授权模板

第二节 如何开通抖音小店

一 电脑端具体操作

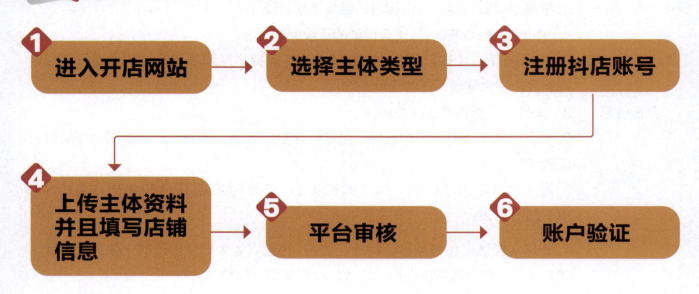

1 进入开店网站 → **2** 选择主体类型 → **3** 注册抖店账号

4 上传主体资料并且填写店铺信息 → **5** 平台审核 → **6** 账户验证

（一）进入开店网站

准备好材料之后，进入抖店官方，使用手机号注册账号并登录。

（二）选择主体类型

如果开个人店，选择个人身份入驻即可；如果是个体户营业执照，选择"个体工商户"入驻；如果是企业营业执照，就选择企业／公司入驻。

（三）注册抖店账号

准备好材料之后，进入抖店官方，使用手机号注册账号并登录。

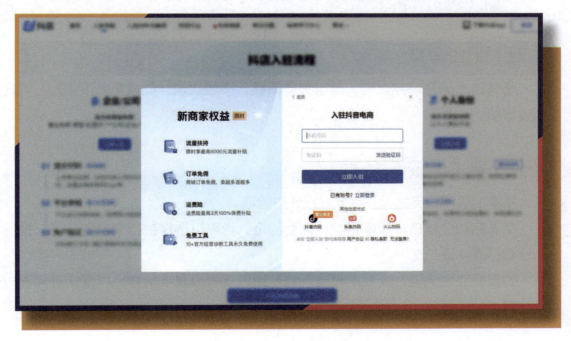

（四）上传主体资料并且填写店铺信息

如果开个人店，只需要填写个人身份信息就够了。如果是个体店、企业店，就需要上传营业执照信息。

这里有几个细节问题要注意。

（1）店铺名称，要提前想好，不要有违规词。

（2）经营类目，个人店和个体店不需要选择经营类目，系统会自动匹配，在开店的时候页面上会提示，不需要选择。

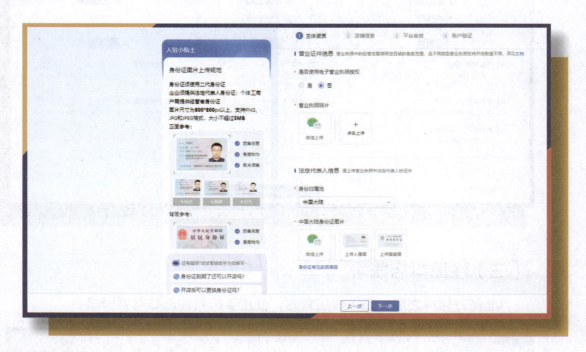

（五）平台审核

所有基本信息填完之后，可以提交审核。一般来说，如果资质没问题，当时就可以通过审核。

（六）账户验证

基本信息审核完成后，就要进行账户验证。

个人店和个体店一般都是默认人脸验证，也可以选择银行卡实名认证。企业店是实名认证和打款认证二选一。

如果是实名认证，需要提供法人对私银行卡号以及手机号，打款认证需要对公银行账户信息。

二　手机端具体操作

第一步
点击 右上角三条横线

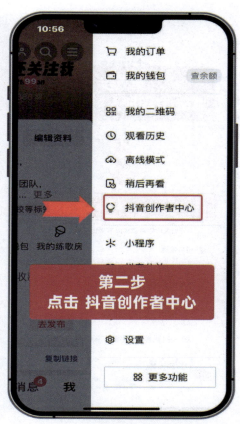

第二步
点击 抖音创作者中心

第三步
点击 全部

第四步
点击 电商带货

第三节　抖音小店后台操作

 小店 6 种登录方式

（1）注册手机号登录。

（2）绑定的邮箱登录。

（3）手机 app 小店扫码登录。

（4）绑定的抖音号扫码。

（5）绑定的头条账号扫码。

（6）绑定的火山视频账号扫码。

其中，最常用的 3 种登录方式：

注册的手机号 + 验证码登录、手机 app 小店扫码登录、抖音 app 扫码登录。

二　缴纳小店保证金

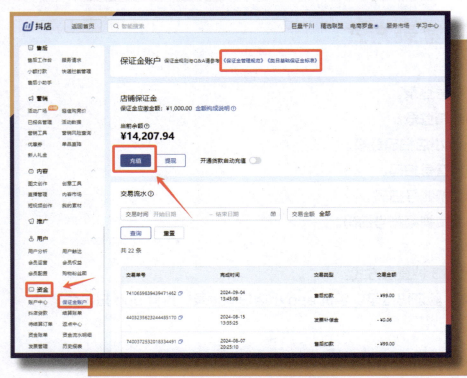

只有缴纳保证金之后，才可以正常上架商品、管理订单等正常运营，类目不同，金额不同，具体充值金额可参照《类目基础保证金标准》，具体操作步骤：资金—保证金账号—充值。

三　常用功能展示

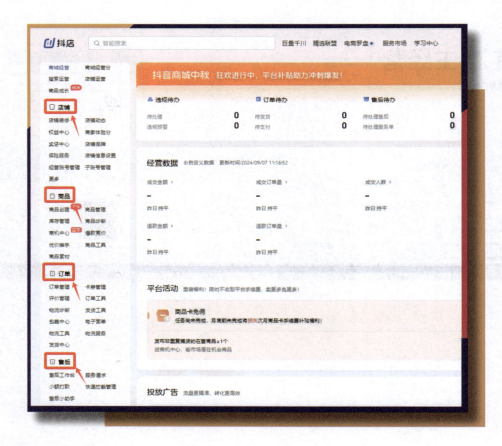

四 常见问题处理

五 课程学习渠道

第十章
违规学习与问题处理篇

第一节　违禁词大全篇

（一）严禁使用极限用语

（1）夸张性用语。

（2）绝对性用语。

（3）无法考证类用语。

违禁词	替换表达	违禁词	替换表达
名牌	官方资质	首个	说到……
王牌	官方资质	首家	我先想
金牌	官方资质	史无前例	到的就是……
掌门人	资深	最新	到的就是……
独一无二	没有第二个	世界领先	到的就是……
绝无仅有	没有第二个	超前	
唯一	没有第二个	填补国内空白	
最先进	前沿	万能	满足各种需求
领袖品	前沿	奢侈	小资
领先上市	前沿	高档	小资
正品	官方认证	有名	众多推荐
国际级	头部	极	绝了
世界级	头部	100%	纯……
顶级	头部	首选	选它没错
最高级	第一梯队	巨星	达人
第一	第一梯队	极致	优质
冠军			

（二）违禁时限用语

违禁词	替换表达	违禁词	替换表达
随时结束	卖完就结束	随时涨价	卖完就恢复日常价
仅此一次	今天只安排了这一次	最后一波	卖完就结束了

（三）违禁权威性词语

（1）严禁使用国家、国家机关工作人员名称进行宣传的用语。

（2）严禁使用宣称质量无须检测的用语。

（3）严禁使用人民币图样（央行批准的除外）。

（4）严禁使用老字号、中国驰名商标、特供、专供等词语（唯品会专供除外）。

（四）严禁使用疑似欺骗消费者的词语

违禁词	替换表达	违禁词	替换表达
恭喜获奖	恭喜幸运宝贝	点击有惊喜	联系客服
		点击获取	
全民免单	免费用，免费穿	点击试穿	
		领取奖品	

（五）严禁使用刺激消费词语

违禁词	替换表达	违禁词	替换表达
秒杀	秒一个，炸一个	不会再便宜了	没了，没了
抢爆	没了，没了	万人疯抢	断货好久了
再不抢就没了	库存不足了	抢疯了	

（六）严禁使用不文明用语、脏话

（七）严禁淫秽、色情、赌博、迷信、恐怖、暴力、丑恶用语

（八）严禁民族、种族、性别歧视用语

（九）严禁化妆品虚假宣传用语

类别	违禁词	替换方式	示例
身型改善	瘦身、瘦脸、减肥	指示代词	那个什么脸（搭配首饰）
肌肤现象	祛黑头、祛粉刺、祛闭口	叠词法	改善黑黑头头、粉粉刺刺、闭闭口口
肤色肤质	美白、过敏	近音法	米白，会敏
抗衰抗老	迅速修复紫外线伤害的肌肤	场景代入	从海边回来需要好好照顾下红红的皮肤
睡眠健康	改善睡眠	同义法	睡得好

（十）严禁医疗用语

类别	违禁词	替换方式	示例
医疗用语	增强免疫力	指示代词	我们每个人都需要防御外界不良因素的那个力
	治疗秃斑	叠词法	改善秃秃斑斑
	细菌	近音法	细金
	毛发新生、毛发再生	同义法	毛发重新生长

第二节 34 种抖音违规行为

34 种抖音违规行为

1. 暴力演绎售卖类	18. 谋取利益类
2. 卖惨演绎售卖类	19. 未成年人直播带货类
3. 炒作演绎售卖类	20. 低俗意味宣传商品类
4. 错误表达爱国行为类	21. 视频无相关性类
5. 危险行为博眼球类	22. 露出文身
6. 踩一捧一售卖类	23. 任何方式展示毒品、管制刀具、枪支（包括仿真枪、玩具枪）
7. 恶性降价吆喝类	24. 境外直播（旅拍直播带货格外注意）
8. 招募主播类	25. 直播间截屏抽奖 / 评论区随机抽奖
9. 虚假宠粉类	26. 使用通用或万能链接
10. 引导私下交易多渠道导流类	27. 在私信中大量群发产品链接
11. 医疗描述类	28. 引导用户好评返现
12. 挂机直播、录播类	29. 宣传其他直播平台、多平台开播、非本人实名认证开播
13. 衣着暴露类	30. 冒充直播平台或媒体等名义进行直播活动或未经授权的官方活动
14. 语言过激类	31. 提"钱"
15. 吸烟、饮酒类	32. 诱骗秒杀
16. 言语低俗类	33. 诱导互动
17. 封建迷信类	34. 其他严禁直播的情况

第三节　抖音平台常见问题处理篇

互关来的粉丝有用吗？

抖音平台现在重点考核有效粉丝，而互关粉丝已经不算有效粉丝了，而且会造成抖音账号被打上互关互粉账号，被定义为低质量账号。

删除作品对账号有影响吗？

一次性大批量删除作品会有一些影响，少量不会影响，比如，一天删除 20 个以内，可以分批量删除或者适当隐藏作品。

断更对账号有影响吗？

有，账号一旦开始更新作品，一定要坚持定期更新，否则会影响流量，前功尽弃，断更 1~2 个月后账号需更新，重新起号（根据账号影响力与权重计算）。

新账号是否需要养号？

不需要，抖音平台的观看者和创作者是两种不同的角色。所谓的养号，也只不过是模拟正常用户的使用习惯，而创作者本来就是作品发布者，所以直接正常发布作品即可。

账号被限流了怎么解决？

先检测账号找到问题，隐藏或删除违规视频。持续发生活随拍或自拍视频，直到恢复流量。

新号常见播放量问题

限流流量池	0~100	搬运或违规
初始流量池	200~500	内容低质或账号没标签
千人流量池	3K~5K	提升作品质量
万人流量池	1W~2W	内容保持垂直

（一）账号注册与设置

① 如何设置抖音账号的隐私

处理方法： 在"设置"中的"隐私设置"里，可以设置账号的隐私选项，如谁可以查看我的作品、是否允许他人下载我的视频、是否显示在线状态等。

② 账号昵称总是显示已被占用，如何解决

处理方法： 尝试在昵称后面添加一些有特色的字符、数字或英文，或者重新构思一个独特的昵称。

③ 抖音号可以修改吗

处理方法： 每个账号有一次修改抖音号的机会，进入"编辑个人资料"页面进行修改，但修改后可能会影响账号的搜索和识别，需谨慎操作。

（二）账号权重与限流

① 哪些行为会导致账号权重降低

处理方法： 频繁切换同一手机上的账号、大批量点赞他人视频、频繁修改个人信息、发布违规内容等行为都会导致权重降低，应避免这些行为，保持账号的稳定性和合规性。

② 账号被限流了怎么判断及处理

处理方法： 判断方法包括视频播放量突然大幅下降、长时间停留在较低播放量等。处理方式首先要检查视频内容是否违规，若有违规及时删除或修改；其次，保持账号的活跃度，持续发布优质内容；还可以通过申诉向抖音平台说明情况。

（三）视频内容创作

① 拍摄的视频画面抖动严重怎么办

处理方法： 使用手机稳定器或三脚架等辅助设备来保持拍摄的稳定性；如果是手持拍摄，尽量保持手臂稳定，或者开启手机的防抖功能（如果有）。

② 不知道拍什么内容，缺乏创作灵感

处理方法： 关注同领域的优秀账号，学习他们的选题和创意；关注热点话题、节日、事件等，结合自身特点进行创作；从日常生活中挖掘有趣的素材；还可以与粉丝互动，了解他们的需求和兴趣，根据粉丝的反馈来创作内容。

③ 视频的音频质量不好，有噪声或声音不清晰

处理方法： 在拍摄时尽量选择安静的环境；使用外置麦克风或专业的录音设备来提高音频质量；在剪辑时，使用音频编辑工具对音频进行降噪、增强等处理。

④ 视频内容被判定为低质，不被推荐怎么办

处理方法： 检查视频的画质、音频、内容是否符合平台的要求，提高视频的质量；优化视频的标题、封面、文案等，使其更具吸引力；遵守平台的规则，避免发布违规内容。

（四）视频发布与管理

① 视频发布后审核不通过，是什么原因

处理方法： 审核不通过可能是因为视频内容违反了平台的规定，如包含违法、违规、低俗、暴力、色情、引人不适等元素；也可能是视频涉及版权问题，或者视频的标题、封面等信息不符合要求。仔细阅读平台的审核标准，根据提示修改视频内容或相关信息，重新提交审核。

② 发布视频的最佳时间是什么时候

处理方法： 一般来说，早上（7—9 点）、中午（12—14 点）、晚上（19—22 点）等时间段是用户活跃的高峰期，发布视频的曝光率可能会更高，但具体时间还需根据目标受众和内容类型来确定，可以通过数据分析来找到最适合的发布时间。

③ 视频发布后可以修改吗

处理方法： 视频发布后可以修改标题、封面、文案等信息，但视频内容本身无法修改。手机端，发布一个月内可以修改一次；电脑端，发布时间超过 30 天，也是可以修改的。

④ 如何管理已发布的视频

处理方法： 在个人主页的"作品"栏中，可以对已发布的视频进行管理，如设置为私密、置顶、删除等操作。对于一些表现不好的视频，可以选择设为私密，避免影响账号的整体形象。

⑤ 视频发布后一直没有流量，怎么办

处理方法： 首先检查视频是否被平台正常推荐，可以在创作者中心查看视频的播放量、点赞数、评论数等数据；如果视频没有被推荐，可能是内容质量不高或违反平台规则，需要优化视频内容或检查是否存在违规行为；也可以尝试使用 DOU+ 等推广工具来增加视频的曝光量。

⑥ 视频一直在审核中是怎么回事

处理方法： 一般情况下，审核会在几分钟内完成，但有时会因机器和人工状态不同而延长。如果长时间未通过审核，可联系抖音客服咨询。

（五）流量与曝光

① 账号被限流了，如何恢复

处理方法： 如果账号被临时限流，可能是因为发布了敏感内容或存在异常操作，等待一段时间后可能会自动恢复。如果账号被长期限流，需要检查自己的账号是否存在违规行为，如刷粉、刷赞、搬运等。改正违规行为后，向平台申诉，说明情况并请求恢复流量。

② 如何提高视频的曝光率

处理方法： 优化视频的内容和质量，使其符合用户的需求和兴趣；使用热门话题和标签，增加视频的搜索曝光率；与其他用户互动，如点赞、评论、关注等，提高账号的活跃度；参加平台的活动和挑战，获得更多的曝光机会。

③ DOU+ 投放效果不好，怎么办

处理方法： 检查投放的视频内容是否优质，是否具有吸引力；检查投放的目标人群是否准确，是否与视频内容相匹配；调整投放的金额和时长，尝试不同的投放策略；如果投放效果一直不好，可以联系 DOU+ 客服咨询具体情况。

（六）互动与粉丝运营

① 粉丝增长缓慢，如何提高粉丝数量

处理方法： 持续发布优质内容，吸引用户关注；与其他用户互动，如关注、点赞、评论、私信等，扩大自己的社交圈子；参加抖音的直播活动，与粉丝互动，增加粉丝的黏性；使用抖音的推广工具，如 DOU+、粉丝头条等，提高账号的曝光率。

② 如何提高粉丝的互动率

处理方法： 发布具有互动性的内容，如提问、投票、挑战等，引导用户参与互动；及时回复用户的评论和私信，与用户建立良好的沟通关系；举办粉丝活动，如抽奖、送福利等，增加粉丝的参与度。

③ 收到粉丝的负面评论或恶意攻击，怎么办

处理方法： 保持冷静，不要与对方争吵或回怼，以免引起更多的争议；可以适当解释或说明情况，如果对方的行为严重影响到自己，可以举报或拉黑该用户。

④ 粉丝流失严重，怎么办

处理方法： 分析粉丝流失的原因，如内容质量下降、更新频率降低、互动减少等；根据分析结果，采取相应的措施，如提高内容质量、增加更新频率、加强与粉丝的互动等；可以发布一些粉丝感兴趣的内容，吸引粉丝的关注。

（七）直播相关

① 直播时画面卡顿、声音不清晰，怎么办

处理方法： 检查网络环境，确保网络稳定、流畅；关闭其他占用网络的设备或应用程序；调整直播设备的参数，如分辨率、帧率、码率等，降低对网络的要求；使用专业的直播设备和软件，提高直播的质量。

② 直播违规了怎么处理

处理方法： 如果收到违规提醒，应立即停止违规行为；根据违规的严重程度，可能会被限流、禁播或封号。轻微违规可通过整改、申诉等方式解决，严重违规建议重新注册账号。

（八）变现与收益

① 如何在抖音上实现变现

处理方法： 常见的变现方式有广告合作、商品橱窗、直播带货、粉丝打赏、知识付费等。根据自己的账号类型和粉丝群体选择适合的变现方式，不断提高自己的影响力和商业价值。

② 提现时遇到问题怎么解决

处理方法： 检查提现账号是否正确，是否满足提现的条件和要求；如果提现失败，根据提示信息进行修改或联系抖音客服解决。

（九）抖音小店相关

① 抖音小店的商品上架有哪些要求

处理方法： 商品信息必须真实、准确、完整，不得虚假宣传；商品图片要清晰、美观，符合平台的规范；商品的价格要合理，不得高于市场价格；遵守平台的商品禁售规则，不得上架违禁商品。

② 商品差评较多

问题描述： 顾客对商品质量、描述不符等问题给出差评，影响店铺评分和后续销售。

处理方法： 主动联系给出差评的顾客，了解具体问题并积极解决，如退换货、补偿等。同时，加强商品质量管理和描述准确性，避免类似问题再次发生。

③ 流量不足，销量不佳

问题描述： 店铺曝光度低，商品难以被顾客发现，导致销量上不去。

处理方法： 优化商品标题、关键词和详情页，提高在搜索结果中的排名。利用抖音平台的推广工具，如 DOU+、小店随心推等进行广告投放。积极参与平台活动，提高店铺知名度和商品曝光度。与抖音达人合作，进行商品推广。

第四节　如何联系客服进行申诉或咨询

第一步
点击 右上角三条横线

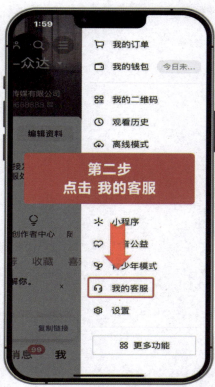

第二步
点击 我的客服

第三步
点击 在线客服

第四步
选择问题

第五步
输入问题

第十一章
优秀账号拆解与
经验分享篇

第一节 各个类目优秀账号拆解

一 搞笑领域

① 视频内容

（1）**家庭情景喜剧风格**：视频以家庭情景短剧为主，呈现出一个普通家庭的日常生活状态，但又充满了幽默和搞笑的元素。

（2）**角色形象鲜明**：人设是善良、单身、搞笑等，这些特点使 TA 的形象非常接地气。

（3）**贴近生活实际**：视频内容大多取材于日常生活中的琐事，容易引发观众的共鸣和讨论。

② 选题

（1）**围绕家庭关系展开**：亲情是这类视频选题的核心。

（2）**结合热点话题**：会根据不同的节日、热点事件等进行策划，增加视频热度。

（3）**关注社会现象**：除了家庭内部的故事，也会涉及一些社会现象。通过幽默的方式对这些现象进行演绎和调侃，引发观众的思考。

③ 拍摄剪辑

（1）**拍摄手法自然**：拍摄场景大多是家庭内部，场景布置简单但真实，增强了视频的生活感。

（2）**镜头切换流畅**：在剪辑方面，镜头切换的节奏把握得很好，流畅自然，不会让观众感到突兀。

④ 变现方式

（1）**广告合作**：作为拥有大量粉丝的账号，会与各种品牌进行广告合作。

（2）**直播带货**：会进行直播带货，销售的商品种类比较广泛，包括食品、日用品、化妆品等。

（3）**账号矩阵拓展**：团队打造了多个矩阵账号，也为变现提供了更多的渠道。

二　美食领域

① 视频内容

（1）以高端美食探店为主，常常展示豪华餐厅的特色菜品和奢华环境。

（2）在品尝美食时表情夸张，反映真实，给观众带来强烈的视觉和情感冲击。

（3）视频中会穿插一些幽默的互动和小插曲，增加趣味性。

② 选题

（1）主要选择一些具有特色、知名度高或新奇的高端餐厅。

（2）也会根据季节、节日等因素选择相应的美食主题，如夏季的海鲜、冬季的火锅等。

（3）回应粉丝的推荐和要求，进行特定餐厅的探店。

③ 拍摄剪辑

（1）拍摄画面清晰、色彩鲜艳，突出美食的色泽和质感。

（2）运用多角度拍摄，展示餐厅环境、菜品细节和白冰的品尝过程。

（3）剪辑节奏快，搭配动感的音乐和特效，营造出紧张刺激的氛围。

④ 变现方式

（1）**广告合作**：与高端美食品牌、餐厅等进行合作推广。

（2）**直播带货**：推荐一些美食产品，如零食、调料等。

（3）**平台奖励**：通过高播放量和粉丝互动获得抖音的奖励。

三　时尚领域

① 视频内容

（1）以时尚变装为核心内容，通过前后巨大的形象反差吸引观众。

（2）每个视频都围绕一个特定的品牌或主题进行变装，展现不同的时尚风格。

（3）注重细节，包括服装、发型、妆容、配饰等都精心搭配。

② 选题

（1）选择热门的时尚品牌、电影角色、明星造型等进行模仿和创新。

（2）结合当下流行的时尚元素和趋势，如复古风、Y2K 风格等。

（3）根据不同的季节和场合进行选题，如夏日清凉穿搭、职场时尚等。

③ 拍摄剪辑

（1）拍摄场景简洁，突出人物主体。

（2）运用对比强烈的前后变装画面，增强视觉冲击力。

（3）剪辑手法独特，配合音乐节奏进行快速切换，营造出时尚感和神秘感。

④ 变现方式

（1）**品牌合作**：与时尚品牌合作推广产品，进行穿搭示范。

（2）**广告代言**：成为一些时尚品牌的代言人。

（3）**直播带货**：推荐时尚单品，如服装、化妆品等。

四　知识科普领域

① 视频内容

（1）以通俗易懂的方式讲解历史、地理、文化等知识。

（2）运用大量的图片、地图、动画等辅助工具，使复杂的知识更加直观。

（3）语言幽默风趣，善于举例和比喻，让观众轻松理解。

② 选题

（1）选择大众感兴趣的历史事件、文化现象、地理奇观等进行讲解。

（2）结合时事热点，如奥运会、世界杯等，从历史、地理的角度进行分析。

（3）回应观众的提问和需求，进行特定主题的知识科普。

③ 拍摄剪辑

（1）拍摄画面简洁，以讲解为主，辅助工具适时出现。

（2）剪辑流畅，重点突出，配合讲解节奏进行画面切换。

④ 变现方式

（1）**广告合作：** 与教育机构、文化品牌等进行合作推广。

（2）**知识付费：** 推出付费课程，深入讲解历史、地理知识。

（3）**平台奖励：** 通过高播放量和粉丝互动获得抖音的奖励。

五　美妆领域

① 视频内容

（1）专注于实用的美妆技巧分享，包括日常妆容教程、化妆工具使用方法、产品测评等。

（2）讲解详细，从底妆到眼妆、唇妆等各个步骤都清晰呈现，同时会针对不同肤质和脸型给出个性化建议。

（3）经常分享一些化妆小窍门和误区避免，让观众能快速提升化妆技能。

② 选题

（1）紧跟时尚潮流，根据季节、节日推出相应的妆容主题，如春季桃花妆、圣诞妆容等。

（2）回应粉丝需求，针对热门产品进行测评，解答观众在化妆过程中遇到的问题。

（3）结合当下热门影视剧中的角色妆容，进行仿妆创作。

③ 拍摄剪辑

（1）视频画面清晰，光线充足，能够很好地展示产品效果和妆容细节。

（2）采用特写镜头突出重点，如眼部妆容的绘制过程、产品质地的展示等。

（3）剪辑节奏适中，语言简洁明了，没有冗长的部分。

④ 变现方式

（1）**广告合作**：与美妆品牌合作推广产品，通过视频中的使用展示和推荐，引导观众购买。

（2）**直播带货**：在直播中销售美妆产品，利用自己的专业知识为观众解答疑问，促进销售。

六　健身领域

① 视频内容

（1）以健身直播和短视频教学为主，涵盖有氧运动、力量训练、拉伸放松等多个方面。

（2）直播氛围轻松愉快，充满趣味性，让观众在锻炼的同时也能感受到快乐。

（3）会根据不同的人群需求制定专属的健身计划，如针对新手的入门课程、产后妈妈的恢复训练等。

② 选题

（1）结合当下人们对健康生活的追求，选择热门的健身项目进行教学，如毽子操、本草纲目健身操等。

（2）根据不同的时间节点和节日，推出主题健身活动，如春节期间的"健身不打烊"等。

（3）回应粉丝的问题和需求，进行针对性的健身指导。

③ 拍摄剪辑

（1）直播画面稳定，多角度展示健身动作，让观众能够清楚地看到每个动作的标准姿势。

（2）短视频剪辑简洁，重点突出健身动作和要点，同时会配上动感的音乐，增强观众的锻炼动力。

④ 变现方式

（1）广告合作：与运动品牌、健康食品等合作推广，提升品牌知名度。

（2）直播带货：销售健身器材、运动服装、健康食品等相关产品。

（3）平台奖励：通过高人气的直播和视频获得抖音的奖励。

七　宠物领域

① 视频内容

（1）以记录宠物猫的日常生活为主，展现猫咪的可爱、调皮和聪明。

（2）视频中充满了人与宠物之间的温馨互动，如一起玩耍、睡觉、吃饭等，让观众感受到宠物带来的快乐和温暖。

（3）偶尔会有一些关于猫咪养护知识的分享，如如何选择猫粮、如何给猫咪洗澡等。

② 选题

（1）从猫咪的日常行为中挖掘有趣的话题，如猫咪的奇怪睡姿、调皮捣蛋的瞬间等。

（2）结合节日和特殊事件进行创作，如猫咪的生日派对、圣诞节的装扮等。

（3）回应粉丝的留言和建议，进行特定主题的视频拍摄，如猫咪的训练方法等。

③ 拍摄剪辑

（1）视频画面清晰，色彩鲜艳，能够很好地展现猫咪的可爱模样。

（2）采用多角度拍摄和特写镜头，捕捉猫咪的各种表情和动作。

（3）剪辑节奏轻快，配上轻松愉快的音乐，让观众在观看视频时心情愉悦。

④ 变现方式

（1）**广告合作：**与宠物食品、用品品牌合作推广，在视频中展示产品的使用效果。

（2）**直播带货：**销售宠物食品、玩具、服装等相关产品。

（3）**平台奖励：**通过高播放量和粉丝互动获得抖音的奖励。

八　亲子领域

① 视频内容

（1）提供丰富的育儿知识，包括宝宝喂养、早教启蒙、亲子互动等方面。内容科学实用，结合实际案例进行讲解，让家长们易于理解和操作。

（2）展示亲子生活中的温馨瞬间，如和宝宝一起做游戏、阅读绘本等，传递家庭的温暖和幸福。

② 选题

（1）围绕家长们关心的育儿热点问题进行选题，如宝宝辅食添加、幼儿园选择、孩子叛逆期应对等。

（2）根据不同年龄段宝宝的特点和需求进行选题，如新生儿护理、幼儿语言发展、儿童心理健康等。

（3）结合季节和节日，推出相应的亲子活动和育儿建议，如春季亲子出游、圣诞节亲子手工等。

③ 拍摄剪辑

（1）视频画面清晰、色彩柔和，营造出温馨舒适的氛围。多采用中景和近景拍摄，突出人物和细节。

（2）剪辑流畅自然，适当添加动画和字幕，增强内容的趣味性和可读性。

④ 变现方式

（1）**电商带货**：销售母婴用品、儿童图书、玩具等产品。

（2）**知识付费**：推出育儿课程、在线讲座等，为家长提供更深入的育儿指导。

（3）**广告合作**：与母婴品牌、教育机构等合作，进行产品推广和品牌宣传。

九 科技领域

① 视频内容

（1）以科技产品评测和科普为主，用通俗易懂的语言和生动的演示，介绍各种科技产品的特点和使用方法。

（2）视频中常常融入自己的思考和创意，如对未来科技的展望、科技产品的创新应用等，让观众感受到科技的魅力和无限可能。

② 选题

（1）选择热门的科技产品进行评测，如新款手机、平板电脑、智能家居设备等。

（2）关注科技行业的新动态和趋势，及时推出相关的科普和分析视频。

（3）根据观众的需求和反馈，进行特定科技主题的创作，如 5G 网络的影响、人工智能的发展等。

③ 拍摄剪辑

（1）视频画面精美，制作精良。运用多角度拍摄、特写镜头和动画演示等手法，清晰地展示科技产品的外观和功能。

（2）剪辑节奏紧凑，配乐动感，营造出科技感十足的氛围。

④ 变现方式

（1）**广告合作：**与科技品牌合作，进行产品推广和品牌宣传。

（2）**平台奖励：**凭借高质量的内容获得抖音的奖励和扶持。

十 手工领域

① 视频内容

（1）展示各种创意十足的手工制作，作品充满奇思妙想和幽默感。

（2）制作过程详细展示，让观众了解手工制作的方法和技巧。

（3）视频中的幽默解说和表演，增加了视频的趣味性。

② 选题

（1）从生活中的问题和需求出发，进行创意手工的设计和制作。

（2）结合网络热点和流行文化，推出相关的手工制作，如电影道具复刻、游戏周边制作等。

（3）接受粉丝的挑战和建议，进行特定主题的手工创作。

③ 拍摄剪辑

（1）视频画面简洁明了，突出手工制作的过程和细节。

（2）剪辑节奏适中，配合幽默的音乐和音效，增强视频的喜剧效果。

④ 变现方式

（1）**广告合作：** 与品牌合作，进行手工定制和推广。

（2）**电商带货：** 销售手工制作的周边产品，如Ｔ恤、钥匙链等。

（3）**平台奖励：** 通过高人气的视频获得抖音的奖励和扶持。

十一 舞蹈领域

① 视频内容

（1）以充满活力的舞蹈表演为主，舞蹈风格多样，包括甜美可爱风、性感热辣风、酷炫帅气风等，满足不同观众的喜好。

（2）笑容灿烂，感染力强，传递出积极向上的情绪，让观众在观看舞蹈的同时也能感受到快乐和活力。

② 选题

（1）紧跟流行音乐趋势，选择热门歌曲进行舞蹈创作，吸引更多观众的关注。

（2）根据不同的节日和季节，推出相应主题的舞蹈作品，增加节日氛围。

（3）与其他抖音达人合作，进行舞蹈挑战或互动，扩大影响力。

③ 拍摄剪辑

（1）视频画面清晰，色彩鲜艳，拍摄角度多样，能够很好地展现舞蹈动作和舞者的表情。

（2）剪辑节奏明快，与音乐配合默契，突出舞蹈的节奏感和动感。

（3）运用特效和滤镜，增强视觉效果，使舞蹈作品更具吸引力。

④ 变现方式

（1）**广告合作：**与品牌合作进行广告植入，如在舞蹈视频中展示品牌产品或穿着品牌服装跳舞。

（2）**直播带货：**通过直播推荐美妆、时尚、健身等相关产品，利用自己的影响力带动销售。

（3）**平台奖励：**凭借高人气和优质内容获得抖音平台的奖励和扶持。

十二 旅游领域

① 视频内容

（1）以优美的文案和精美的画面展示各地的自然风光、人文景观和美食文化，带领观众领略不同地方的魅力。

（2）分享自己的旅行故事和感悟，传递积极向上的生活态度和价值观。

（3）提供实用的旅行攻略和建议，包括景点推荐、美食推荐、住宿选择等，为观众的旅行提供参考。

② 选题

（1）选择热门的旅游目的地进行拍摄，如国内的大理、三亚、成都等，以及国外的巴厘岛、普吉岛、巴黎等。

（2）关注小众旅游景点，挖掘那些不为人知的美丽地方，满足观众的好奇心。

（3）根据不同的主题进行选题，如美食之旅、文化之旅、冒险之旅等，丰富视频内容。

③ 拍摄剪辑

（1）视频画面精美，色彩鲜艳，运用航拍、延时摄影等技术，展现出美丽的自然风光和城市风貌。

（2）剪辑节奏舒缓，配乐优美，与文案相得益彰，营造出浪漫、温馨的氛围。

（3）注重细节，如人物的服装、表情、动作等，使视频更加生动有趣。

④ 变现方式

（1）**广告合作**：与旅游品牌、酒店、景区等合作进行广告推广，介绍旅游产品和服务。

（2）**直播带货**：推荐旅游相关的产品，如旅行箱、相机、防晒用品等，通过直播销售带动收入。

（3）**平台奖励**：凭借优质的内容和高人气获得抖音平台的奖励和扶持。

十三 游戏领域

① 视频内容

（1）以游戏直播和解说为主，展示自己高超的游戏技术和策略，同时与观众互动，回答观众的问题。

（2）幽默风趣的语言和搞笑的表情，让直播充满趣味性，吸引观众的关注。

（3）分享游戏心得和技巧，帮助观众提高游戏水平。

② 选题

（1）选择热门的游戏进行直播和解说，如《王者荣耀》《英雄联盟》等，吸引更多游戏玩家的关注。

（2）根据游戏的更新和赛事进行选题，如新版本介绍、赛事解说等，保持内容的时效性。

（3）与其他游戏主播合作，进行游戏挑战或互动，增加直播的趣味性和观赏性。

③ 拍摄剪辑

（1）直播画面清晰，稳定流畅，能够很好地展示游戏画面和主播的操作。

（2）剪辑精彩的游戏片段，制作成短视频发布，吸引更多观众的关注。

（3）运用特效和字幕，增强视频的视觉效果和趣味性。

④ 变现方式

（1）**广告合作**：与游戏厂商、电竞品牌等合作进行广告推广，如在直播中展示游戏广告、穿着品牌服装等。

（2）**直播带货**：推荐游戏周边产品，如鼠标、键盘、耳机等，通过直播销售带动收入。

（3）**平台奖励**：凭借高人气和优质内容获得抖音平台的奖励和扶持。

十四 绘画领域

① 视频内容

（1）以沉浸式绘画过程展示为主，从空白画布到完成一幅精美的画作，让观众感受到艺术创作的魅力。

（2）绘画风格独特，色彩鲜艳且富有情感，作品常常带有强烈的个人风格和故事性。

（3）偶尔会分享绘画背后的灵感来源和创作思路，增加观众对艺术的理解。

② 选题

（1）围绕自然、人物、情感等主题进行创作，选题广泛且具有深度，能引起观众的共鸣。

（2）根据季节变化、节日等推出相应主题的绘画作品，增加时效性和新鲜感。

（3）回应粉丝的建议和需求，进行特定主题的绘画创作，增强与粉丝的互动。

③ 拍摄剪辑

（1）拍摄画面清晰，注重细节展示，让观众能够清晰地看到绘画的每一个步骤和笔触。

（2）采用多角度拍摄和特写镜头，突出绘画过程中的关键环节和精彩瞬间。

（3）剪辑节奏舒缓，配合优美的音乐，营造出宁静、专注的创作氛围。

④ 变现方式

（1）**作品售卖**：通过线上平台或线下展览等方式销售自己的绘画作品。

（2）**广告合作**：与艺术相关品牌或产品进行合作，在视频中进行广告植入。

（3）**直播带货**：推荐绘画工具、艺术书籍等相关产品。

十五 家居领域

① 视频内容

（1）提供家居装修设计灵感和实用建议，包括空间规划、色彩搭配、家具选择等方面。

（2）通过案例展示不同风格的家居设计，如现代简约、北欧风、中式风等，满足观众的不同需求。

（3）分享家居好物和软装搭配技巧，帮助观众提升家居品质。

② 选题

（1）针对不同户型和面积的房屋进行设计方案分享，如小户型改造、大平层设计等。

（2）结合当下流行的家居趋势和元素进行选题，如智能家居、环保材料等。

（3）回应粉丝的家居问题和需求，进行针对性的设计解答和建议。

③ 拍摄剪辑

（1）视频画面清晰，展示家居空间的整体效果和细节之处。

（2）采用多角度拍摄和动态展示，让观众更好地感受家居设计的魅力。

（3）剪辑简洁明了，重点突出设计要点和实用建议。

④ 变现方式

（1）**广告合作**：与家居品牌、装修公司等进行合作推广。

（2）**直播带货**：推荐家居用品、装饰品等相关产品。

（3）**设计服务**：为客户提供家居设计方案和咨询服务。

十六 三农领域

① 视频内容

（1）展示农村生活的真实场景，包括做饭、种地、养殖等日常活动。

（2）以美食制作过程为核心内容，呈现地道的农家美食，传递家的味道和温暖。

（3）家庭成员之间的互动和情感交流，体现农村家庭的淳朴和幸福。

② 选题

（1）围绕农村的四季变化和传统节日进行选题，如春天播种、秋天丰收、春节团圆等。

（2）根据当地的特色农产品和美食进行选题，如柑橘采摘、腊肉制作等。

（3）回应粉丝的问题和需求，分享农村生活的经验和技巧。

③ 拍摄剪辑

（1）视频画面质朴自然，充满生活气息，真实地记录农村生活的点点滴滴。

（2）采用简单的剪辑手法，突出重点内容，让观众能够轻松理解。

（3）配乐选择具有乡村特色的音乐，增强视频的氛围感。

④ 变现方式

（1）**电商带货**：销售当地的特色农产品、美食等产品。

（2）**广告合作**：与农产品品牌、农村电商平台等进行合作推广。

（3）**直播打赏**：通过直播与观众互动，获得粉丝的打赏。

第二节 优秀达人经验分享

一 XX 百万美食博主经验分享

（一）起步阶段：满怀期待与兴奋

在 2023 年 3 月，我最开始接触抖音时，我怀揣着无限的热情和期待。看到抖音上各种精彩有趣的内容和那些拥有众多粉丝的达人，我觉得自己也一定可以在这个平台上发光发热。我精心准备了我的第一个视频，花了很长时间去策划主题、拍摄角度，还专门学习了一些简单的视频剪辑技巧，满心欢喜地认为这个视频发布后一定会受到大家的关注和喜爱。然而，当我颤抖着手指点击发布后，现实却给了我沉重的一击。视频的播放量寥寥无几，点赞和评论更是少得可怜，只有几个朋友出于礼貌点了赞。

（二）探索阶段：不断尝试与迷茫

第一次的失败并没有让我气馁，我开始反思自己的内容，觉得可能是风格不够突出或者选题不够吸引人。于是，我开始不断尝试各种不同的风格和主题。我模仿过一些热门的搞笑段子，也尝试过分享自己的生活趣事，还做过一些科普知识类的视频，但结果都不尽如人意。每一次发布新视频后，我都满怀期待地守在手机旁，不断刷新页面，可每次看到那可怜的播放量和几乎没有增长的粉丝数，我的心就一点点往下沉。

那段时间，我非常迷茫，不知道自己到底该往哪个方向走。我开始怀疑自己是否真的适合做抖音，是不是我根本就没有这方面的天赋。身边的朋友也劝我放弃，说抖音上的竞争太激烈了，我很难脱颖而出。但我内心深处还是有那么一丝不甘，我不相信自己做不好。

（三）挫折阶段：心态崩塌与自我怀疑

随着时间的推移，我的努力似乎没有得到任何回报。我投入了大量的时间和精力，却看不到一点成果。有一次，我花了整整一周的时间准备了一个自认为非常精彩的系列视频，从脚本撰写到拍摄、剪辑，每一个环节我都力求做到完美。我满怀信心地发布了这个系列，期待着它能成为我的爆款作品。然而，发布后的几天里，播放量依然只有几百，点赞数也少得可怜。

那一刻，我的心态彻底崩塌了。我觉得自己所有的努力都白费了，之前的坚持变得毫无意义。我开始陷入深深的自我怀疑，觉得自己是一个失败者，甚至对自己的能力产生了严重的质疑。我变得焦虑、沮丧，每天都过得很痛苦，一度想要放弃抖音，不再去关注这个平台。

（四）转折阶段：偶然的发现与重新振作

就在我几乎要放弃的时候，一次偶然的机会让我看到了一丝曙光。我在刷抖音的时候，看到了一个和我有类似经历的博主分享他的成功经验。他说他也是经历了无数次的失败后，才找到了适合自己的风格和方向。他的话让我深受启发，我意识到我不能就这样轻易放弃。我开始重新审视自己的优势和兴趣，我发现我对美食有着独特的见解和热爱，而且我擅长用简单易懂的方式去分享美食的制作过程和品尝感受。

于是，我决定把美食作为我的新方向。我重新振作起来，开始学习更多的美食知识，研究如何拍摄出更诱人的美食画面，以及怎样用生动有趣的语言去介绍美食。我还去请教了一些专业的美食博主，向他们学习经验和技巧。

（五）成长阶段：逐渐积累与小有所成

经过一段时间的努力，我的美食视频开始有了一些起色。虽然一开始的播放量和点赞数并不是很高，但相比之前已经有了明显的进步。我收到了一些观众的留言和私信，他们对我的美食视频表示了认可和喜爱，这让我备受鼓舞。我更加努力地去创作每一个视频，不断改进自己的不足之处。我开始注重视频的标题、封面和文案，让它们更能吸引观众的注意力。我还积极地与观众互动，回复他们的留言和私信，建立起了良好的粉丝关系。

随着时间的推移，我的粉丝数量逐渐增加，视频的播放量和点赞数也越来越高。我终于感受到了努力付出后的回报，那种成就感让我无比兴奋。我知道，我已经走上了正确的道路，只要我坚持下去，一定能够取得更大的成功。

（六）成功阶段：账号爆火与感恩前行

经过长时间的积累和努力，我的账号终于迎来了爆火的时刻。有一个美食视频意外地受到了大量的关注和转发，一夜之间，我的粉丝数量暴涨了几十万。那个视频的评论区里充满了观众的赞美和鼓励，还有很多人问我关于美食的各种问题。我激动得热泪盈眶，这是我一直以来梦寐以求的时刻。

从那以后，我的账号越来越火，粉丝数量不断增长，我也开始接到一些商业合作的邀请。但我并没有被成功冲昏头脑，我知道这一切来之不易，我更加珍惜每一个粉丝和每一次机会。我不断提升自己的创作水平，为观众带来更多优质的美食内容。我也积极地参与一些公益活动，用自己的影响力去帮助更多的人。我感恩抖音这个平台，让我有了展示自己的机会，也感恩每一个支持我的粉丝，是他们的陪伴和鼓励让我走到了今天。

二　XX 美妆带货博主经验分享

（一）选品精准是关键

在带货之路上，选品可谓是重中之重。首先要深入了解我们自己的粉丝群体，分析他们的年龄、性别、兴趣爱好和消费需求。同时，要对产品进行严格的筛选。亲自试用或体验产品，确保其质量可靠、效果显著。只有自己真心认可的产品，才能有底气推荐给粉丝。比如，我作为一个美妆带货博主，我会详细测试各种化妆品的质地、持久度、遮瑕力等，为粉丝提供真实的使用感受。

此外，关注市场趋势和热门产品也是必不可少的。及时抓住当下流行的产品，能够吸引更多的关注和购买。例如，当某种新型美容仪器或时尚单品成为热门话题时，及时引入并进行推荐，可以提高带货的成功率。

（二）内容创作有魅力

优质的内容是吸引粉丝和促进销售的重要因素。在创作带货内容时，要注重以下几点。

① 故事性和趣味性

通过讲述有趣的故事或设置悬念，吸引观众的注意力。比如，可以分享自己使用产品的真实经历，或者以幽默的方式介绍产品的特点和优势。让观众在轻松愉快的氛围中了解产品，增加他们的购买欲望。

② 专业性和可信度

展示自己对产品的专业知识和了解，让粉丝相信你的推荐是有价值的。可以介绍产品的成分、功效、使用方法等，解答粉丝的疑问。同时，要保持真实和客观，不夸大产品的效果，避免虚假宣传。

③ 视觉效果和表现力

制作精美的视频或图片，展示产品的外观、细节和使用效果。注意画面的构图、色彩搭配和拍摄角度，让产品更加吸引人。此外，作为博主，我们的表现力也很重要，通过生动的语言、表情和动作，更好地展示产品的特点和优势。

（三）粉丝互动建立信任

与粉丝保持良好的互动是建立信任和提高粉丝忠诚度的重要途径。以下是一些互动的方法。

① 回复评论和私信

及时回复粉丝的评论和私信，解答他们的问题，听取他们的建议。让粉丝感受到你的关注和重视，增强他们的信任感。

② 举办互动活动

定期举办抽奖、问答、打卡等互动活动，增加粉丝的参与度和黏性。可以设置一些有吸引力的奖品，鼓励粉丝积极参与。

③ 听取粉丝意见

关注粉丝的需求和反馈，根据他们的意见调整选品和内容创作。让粉丝感受到自己的意见被重视，增强他们的归属感。

（四）合作与推广

除了自身的努力，合作与推广也是提高带货效果的重要手段。以下是一些合作与推广的方法。

① 与品牌合作

与知名品牌合作，可以提高自己的知名度和影响力。同时，品牌方通常会提供更多的资源和支持，帮助博主更好地推广产品。在选择合作品牌时，要注意品牌的口碑和产品质量，确保与自己的定位和价值观相符。

② 与其他博主合作

与其他有影响力的博主合作，可以扩大自己的粉丝群体和影响力。可以通过合作拍摄视频、互相推荐等方式，实现资源共享和优势互补。

③ 利用社交媒体和平台推广

除了抖音平台，还可以利用其他社交媒体平台进行推广，如微博、微信、小红书等。将自己的抖音内容分享到这些平台上，吸引更多的用户关注和购买。同时，要积极参与抖音平台的各种活动和挑战，提高自己的曝光率和影响力。

总之，成为一名优秀的抖音带货博主需要不断地学习和实践。选品精准，内容创作有魅力，粉丝互动建立信任、合作与推广，这些都是成功的关键因素。希望以上经验分享能够对大家有所帮助。

第十二章
微信视频号基础操作篇

第一节 视频号与抖音的区别

视频号电商发展关键阶段

① 功能更新——电商基础设施建设

（1）2021 年 5 月，视频号新增"一键开店"功能，简化电商流程。

（2）2021 年 12 月，视频号电商更新基础功能，灰度测试"短视频购物车"。

② 规范治理——生态环境治理

（1）2022 年 7 月，推出优化视频号橱窗使用规则，更新视频号电商的生态规则。

（2）2023 年 3 月，为整治视频号生态乱象，下架视频号小店非主营商品。

③ 引入创作者——资源扶持

（1）2023 年 4 月，正式推出"创作者分成计划"，大大提高创作者收益。

（2）2023 年 7 月，推出带货主播激励计划，进入资源扶持阶段。

根据亿邦动力，2024 年视频号主要任务是商家引入和 GMV（商品交易总额），上半年由视频号、微信支付和腾讯广告继续完善底层基建，2024 年下半年发力商业化。

类别	视频号	抖音
产品定位	记录真实生活	记录美好生活
用户群体	主要人群分布为中年往上的 35~60 岁人群，消费观念比较落后，还有少部分人不是很了解网上购物	主要吸引年轻用户20~40岁，尤其是青少年和年轻成年人
推流机制	算法标签+社交属性	算法标签
分发机制	基于微信里的社交关系链，像是朋友分享、点赞、收藏过的视频，可能就会推送到你面前；基于兴趣列表的算法推荐；基于地理位置的分发	基于算法推荐，根据用户的兴趣和行为推荐相关的视频
私域圈子	有自己的私域	无私域
内容特点	内容以生活、知识、新闻为主	内容以娱乐为主
数据公开度	完全不公开，第三方平台也查不到	基本全部公开透明，且第三方平台也可以查到
带货抽佣	不抽佣，但是有1%提现费用	抽佣10%
基础保证金	100元	500元

第二节 视频号账号搭建

一 如何搭建视频号

搭建视频号的前提是微信号必须要实名，2024 年以前，一个人可以实名 5 个微信号和 5 个视频号；2024 年以后，一个人只能实名 5 个微信号和 2 个视频号。

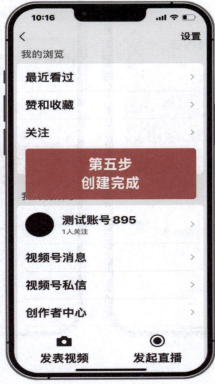

二　如何操作视频号是否在微信名片展示

第一步
点击 右上角三个点

第二步
点击 隐私设置

如果开通了视频号，在微信名片展示之后，所有的微信好友都可以通过你的微信首页看到你的视频号作品。

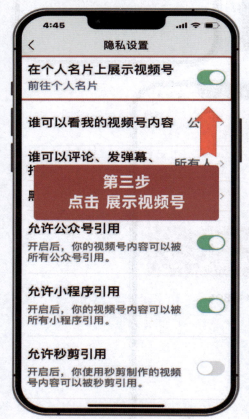

第三步
点击 展示视频号

展示成功

三　如何修改账号3件套

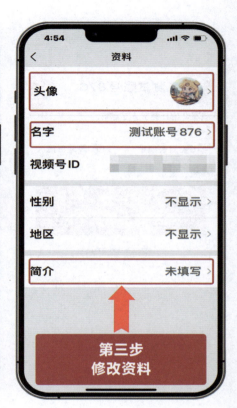

 头像

　　用本人的高清照，可以去对标直播间模仿同行的。不建议用宝宝的、卡通的，不要用"互赞""关注"等这样的字眼（容易违规）。

 昵称

　　2~3个字的汉字，好记忆、好理解、好传播，最好不要带有特殊符号，否则不容易被人搜索到。名字越接地气、越朗朗上口越好，比如什么哥、什么姐、什么妈妈、什么爸爸。可以多去直播间参考同行的名字，就像是自己的艺名一样，但是别太高高在上了，不然容易产生距离感。

 个人简介

　　不要只有"感谢""感恩"等，这是别人认识我们的一个窗口，像是自己的名片，是同行认识咱们的窗口，主要围绕你是谁，你是做什么的，你能给别人带来什么价值。可以去模仿同行。

四　如何实名视频号

第一步
点击 右上角三个点

第二步
点击 账号安全与绑定

第三步
点击 视频号实名

第四步
点击 开始验证

第五步
填写 真实姓名、身份证号

第三节 视频号变现方式

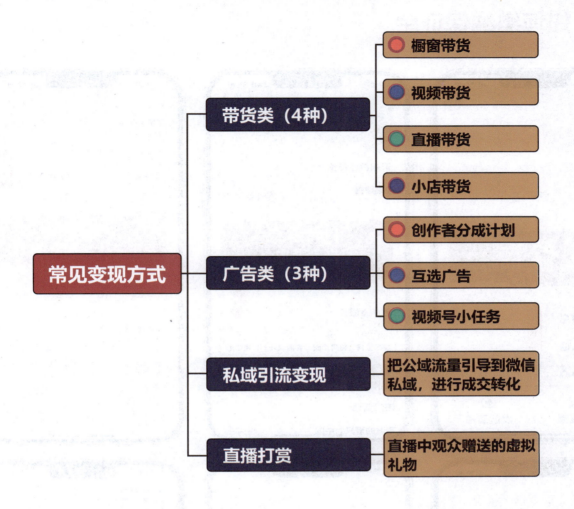

① **创作者分成计划**

当账号满足一定条件，如拥有 100 个粉丝且内容为原创并符合平台要求等，就可以开通创作者分成计划。之后发布的原创视频有流量就会有相应的收益，流量越多，收益越高。

② **互选广告**

如果账号有了一定的影响力和粉丝基础，就可以通过视频号后台的创作者变现功能，设置价格并承接广告。品牌方会根据自己的需求选择合适的账号投放广告，创作者按照要求制作并发布带有广告的视频。

③ **视频号小任务**

粉丝量达到一定门槛（通常是 100 个粉丝以上且内容原创），可以开通小任务功能。在视频号的后台小任务中心，会有各种商家发布的任务，创作者按要求拍视频、挂链接，完成任务后可获得相应的报酬，并且视频也能获得一定的流量扶持。

第四节 视频号橱窗带货

一　如何缴纳保证金

第一步
点击 创作者中心

第二步
点击 带货中心

第三步
点击 右上角橱窗保证金

第四步
充值缴纳

第五步
点击 充值

第六步
充值完成

二　如何开通商品橱窗带货权限

第一步　点击 去选品

第二步　点击 去确认

开通橱窗带货权限过程中，必须要开通"联盟账户"，因为一旦账号有商品卖出，带货佣金会默认到"联盟账户"里面，视频号平台不抽取达人带货佣金，但是"联盟账户"会自动扣除 1% 平台提现费用。

第三步　点击 去开通

第四步　点击 去开通

三　如何选择爆品并添加到橱窗

第一步
点击 去选品

第二步
点击 热销商品

第三步
点击 加橱窗

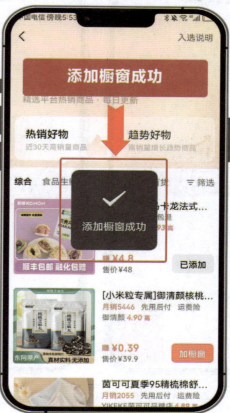

添加橱窗成功

四　如何进行佣金提现

带货达人佣金结算周期如下（一般从下单到结算 20 天左右）。

（1）无纠纷情况：用户确认收货且 15 天后无纠纷、无售后，佣金结算至账户。

（2）有纠纷情况：用户与商家在"15 天无理由退货"期内发生售后纠纷，纠纷解决之日，佣金结算到账户。

第五节 视频号短视频带货

一 如何开通短视频带货权限

开通短视频带货权限门槛。

（1）实名认证

（2）符合内容规范

（3）发布公开视频不少于10条

（4）有效关注数1000人以上或者开通小店

二 如何发布挂车短视频

（一）手机端（方便，不可定时）

第一步
点击 发表视频

第二步
点击 从手机相册选择

第三步
选择视频，点击 下一步

第四步
点击 完成

第五步
点击 链接或商品

第六步
点击 链接或商品

第七步
选中商品，点击 添加

第八步
点击 发表

（二）电脑端（可定时发布多个视频）

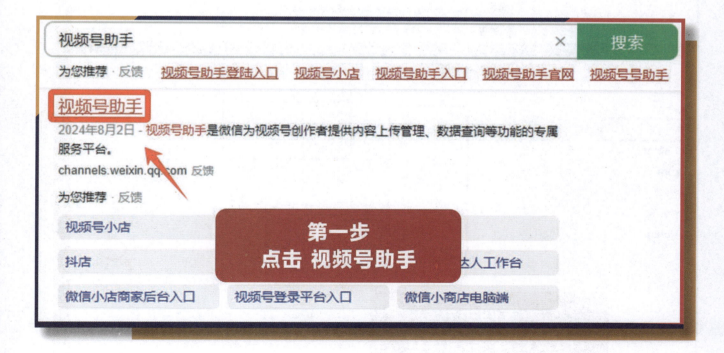

第一步
点击 视频号助手

第六节 视频号直播带货

一 如何开通直播带货权限

开通直播带货权限的条件如下。

（1）进行实名。

（2）缴纳 100 元保证金。

（3）100 个有效粉丝以上。

（4）开播前进行人脸识别。

二　如何在视频号开直播

三 如何添加直播间商品

第七节 微信小店开通

一 手机端开通步骤

二　电脑端开通步骤

　　2024年8月12日，腾讯发布《视频号小店升级为微信小店的公告》，自8月25日起，正式支持商家将视频号小店升级为微信小店。

　　微信小店将进一步简化商家入驻流程，升级品牌认证和店铺命名体系，降低入驻门槛及保证金，并支持店铺及商品信息在公众号（订阅号、服务号）、视频号（直播、短视频）、小程序、搜一搜等多个微信场景内流转，助力商家更好地满足用户消费需求。

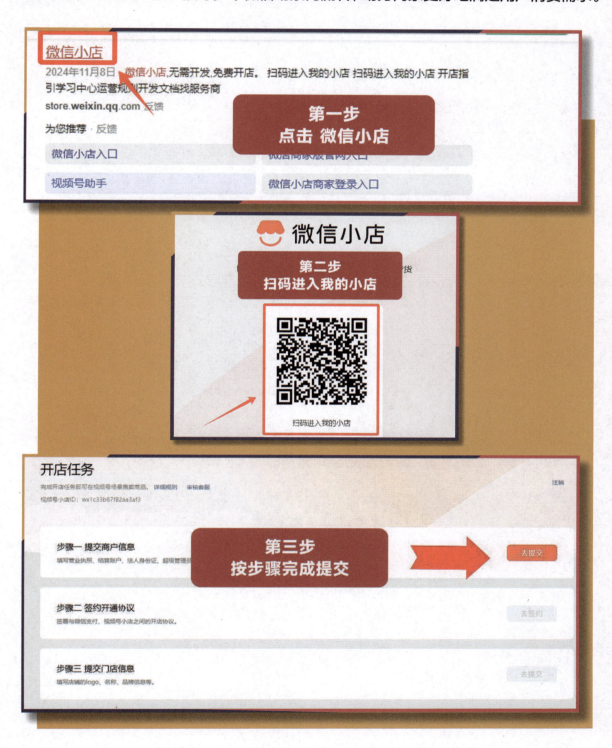

第十三章
快手基础操作篇

第一节 快手变现方式及基础认知

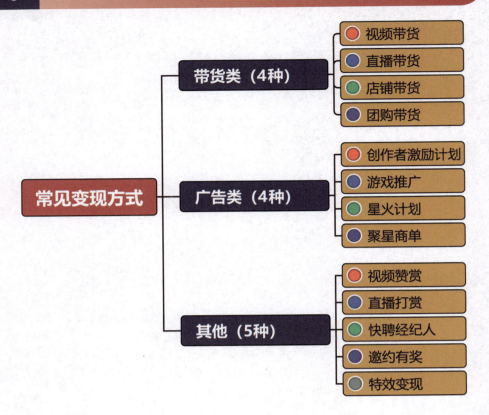

常见变现方式
- 带货类（4种）
  - 视频带货
  - 直播带货
  - 店铺带货
  - 团购带货
- 广告类（4种）
  - 创作者激励计划
  - 游戏推广
  - 星火计划
  - 聚星商单
- 其他（5种）
  - 视频赞赏
  - 直播打赏
  - 快聘经纪人
  - 邀约有奖
  - 特效变现

① 星火计划

0 门槛，加入星火计划后，创作者将享受优质变现任务和定制撮合服务，多劳多得，收入上不封顶，优质达人还将有机会获得流量助推和额外现金补贴。

② 聚星商单

粉丝大于 1 万即可入驻，聚星商单是基于快手磁力聚星平台的业务，磁力聚星是快手的官方广告平台，聚星商单就是在这个平台上，品牌方或广告主与快手达人之间的合作订单（类似抖音的星图广告）。

③ 视频赞赏

粉丝大于 1000 即可开通，为了提高创作者持续创作优质内容的积极性，平台推出赞赏功能。用户可以通过赞赏功能对创作者的视频进行打赏，平台分 50%，另外 50% 创作者可以进行提现。

④ 快聘经纪人

0 门槛，相当于招聘中介，达人通过短视频或者直播，挂上想分销的岗位，后续转化由官方认证的服务商负责，达人只需坐等转化收益即可。

⑤ 邀约有奖

0 门槛，通过邀请站外万粉作者入驻快手平台领取现金奖励，最高 360 元。

⑥ 特效变现

0 门槛，通过在"快手特效"平台按要求提交特效视频，获取现金奖励。

第二节 快手账号基础操作

一 如何修改账号信息和背景

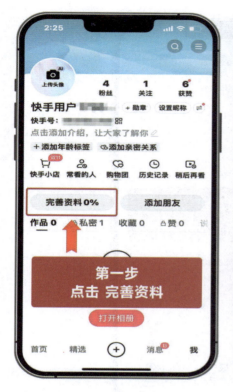

（1）**头像：**可参考其他抖音头像设置，也可以直接同步微信头像，且设置心情状态和挂件。

（2）**昵称：**一周内仅可修改 2 次，且 12 个字以内，也可以设置同步微信昵称。

（3）**快手号：**创建账号时会自动分配账号，也可以自定义账号，且 90 天内可修改一次。

（4）**个人介绍：**可参考以上抖音介绍编辑，且须控制在 255 个字以内。

二 如何设置账号隐私权限

三　如何进行实名和加 V 认证

一个身份证可以实名 2 个快手账号

第一步
点击 右上角三条横线

第二步
点击 右下角设置

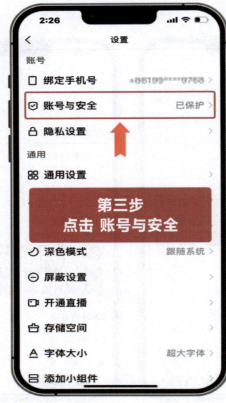

第三步
点击 账号与安全

第四步
点击 认证

四　如何联系官方客服

第一步
点击 左上角三条横线

第二步
点击 官方客服

第三步
点击 联系客服

第四步
输入咨询的问题

五　如何进行账号检测和原创保护

第一步
点击 左上角三条横线

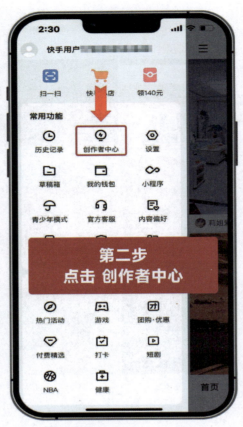

第二步
点击 创作者中心

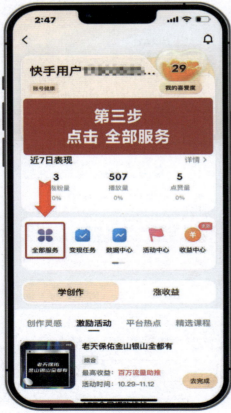

第三步
点击 全部服务

第四步
点击 账号检测/原创保护

第三节 快手账号带货相关操作

一 如何开通带货权限

不需要粉丝和保证金，只需要年满 18 周岁，进行账号实名即可。

第一步
点击 左上角三条横线

第二步
点击 创作者中心

第三步
点击 全部服务

第四步
点击 快分销

第五步
点击 开通快分销推广

第六步
按步骤操作即可

二 如何选择爆品并添加到货架

第一步
点击 左上角三条横线

第二步
点击 创作者中心

第三步
点击 全部服务

第四步
点击 快分销

第五步
点击 爆款榜单

第六步
点击 加入货架

三　如何发布视频并添加小黄车

第一步
点击 ⊕ 号

第二步
点击 视频/相册

第三步
点击 作者服务

第四步
点击 关联商品

第五步
点击 关联主推品

第六步
选中并添加即可发布

四 如何开通直播

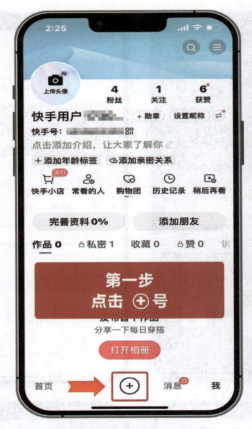

五　如何进行佣金提现

第一步
点击 左上角三条横线

第二步
点击 创作者中心

第三步
点击 全部服务

第四步
点击 收益中心

第五步
点击 去提现

第十四章
小红书基础操作篇

第一节 小红书变现方式及基础认知

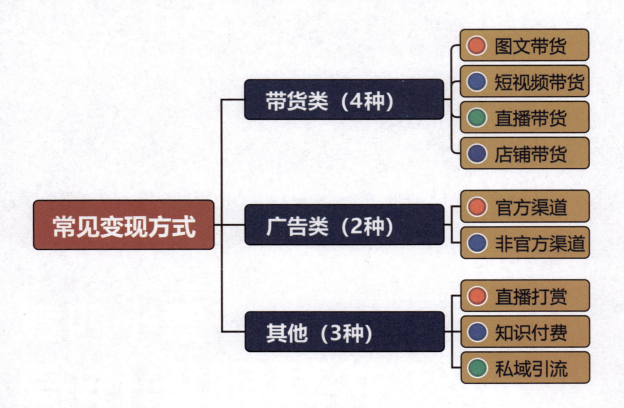

（1）**达人带货：** 图文、短视频、直播三种形式都可以，粉丝数量达到1000以上，年满18周岁，进行实名认证之后，可在发布作品或者直播间，添加商品链接。

（2）**店铺带货：** 可以在小红书上开设个人店铺，销售自己的产品。只需要身份证就可直接开个人店，一证一家，审核快；开通个体店或者企业店，则需要营业执照，一证可以开两家。

（3）**官方广告合作：** 粉丝量达到1000及以上，年满18周岁，进行实名认证之后，可以开通小红书的蒲公英平台。品牌方会在平台上发布合作需求，博主可根据自身定位和风格选择合作。合作形式多样，结算方式有置换+固定费用、固定费用+阶梯提成等。

（4）**非官方广告合作：** 博主在个人简介中留下联系方式，品牌方主动联系进行自由接单。

（5）**知识付费：** ①如果博主在某个领域具有专业知识和经验，可以提供付费咨询服务，按小时或按次收费，价格根据博主的专业程度和市场需求而定，一般在99~599元/小时不等；②将自己的知识经验包装成课程，在小红书上销售，课程的客单价根据课程内容和时长而定，一般在99~999元不等。

（6）**私域引流：** 将小红书平台上的用户引导到自己的私域流量池，如微信、QQ群等，在私域中进行产品销售或提供服务，进行更多知识付费产品的销售，如行业资料、收费社群、项目陪跑、代运营等。客单价跨度较大，从99元到10000元，但要注意小红书平台对于过度引流的行为会进行限制，需要合理操作。

第二节 小红书账号基础操作

一 如何编辑账号信息

❶
点击头像可以制作
AI 头像

❷
点击头像上的"+"，可
以单独记录自己的日常

第一步
点击 编辑资料

第二步
填写或上传对应资料

（1）**头像**：可参考以上抖音头像设置，也可以直接从新浪微博、微信、QQ 或者手机相册导入。

（2）**昵称**：一周内仅可修改 1 次，且 24 个字符以内，不包括 @、<、>、/ 等无效字符。

（3）**小红书号**：创建账号时会自动分配账号，也可以自定义账号，且可修改一次，且需要满足 6~15 个字符，仅可使用英文（必须）、数字、下划线。

（4）**个人介绍**：可参考以上抖音介绍编辑，且须控制在 100 个字以内。

（5）**性别、生日、地区、职业、学校**：都可以不用编辑，并且单独设置不展示。

二　如何设置账号隐私权限

如何进行实名和加 V 认证

一个身份证只能实名 1 个小红书账号

第一步
点击 左上角三条横线

第二步
点击 右下角设置

第三步
点击 账号与安全

第四步
进行认证

四　如何联系官方客服

第一步
点击 左上角三条横线

第二步
点击 右下角设置

第三步
点击 帮助与客服

第四步
点击 联系官方客服

第五步
选择对应问题

五　如何进行账号诊断和申诉

第一步
点击 左上角三条横线

第二步
点击 右下角设置

第三步
点击 帮助与客服

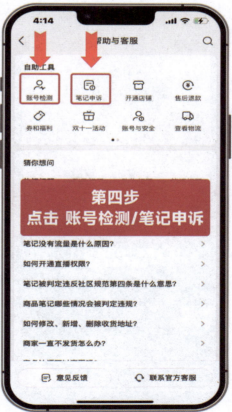

第四步
点击 账号检测/笔记申诉

六　如何发布笔记

七 如何创建笔记合集

第一步
点击 左上角三条横线

第二步
点击 创作者中心

第三步
点击 全部服务

第四步
点击 创建合集

第五步
填写合集信息并点击 完成

八　如何开通带货和广告权限

带货和接广告门槛一样。
（1）完成实名认证。
（2）年龄不小于 18 周岁。
（3）粉丝不少于 1000 个。

九   如何进行直播

（1）在小红书开直播，只要满足 18 周岁以上，实名认证就可以，但是，直播间上架购物车带货，需要至少 1000 个粉丝，先开通带货权限。

（2）小红书的个人博主可以带淘宝的商品以及小红书店铺内的商品，但品牌必须只能带小红书店铺内的商品。并且，带货只能是提前加入到带货列表的商品。

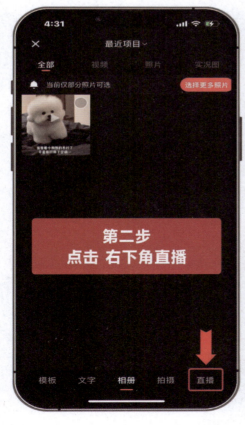